OHSAMA BUNKO

神さまと前祝い

キャメレオン竹田

JN108862

三笠書房

はじめに

おめでとうございます！
あなたの願いは、すでに叶っています！

おめでとうございます！
あなたの願いは叶《かな》いました！
もう、大丈夫です！
本当によかったですね！
心からお祝い申し上げます。

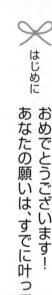

わ〜い！　わ〜い！

この本は、**先にお祝いをすることで、あなたの願いを叶えてしまう書**となっています。

ですから、願いを叶えたくない人は、このまま、そっと、この本を閉じてください。


さて、その言葉の通り、**「前祝い」とは、よい結果になることを確信して、前もってお祝いをすること**です。

簡単なことなのですが、これをやっている人は、とても少ないです。

これは、非常にもったいないことなんですね。

何か望むことが出てきたら、「祝っちゃえばいい」だけなんで。

すごく簡単！


これを習慣にすることによって、**あなたの願いは、やたらめったら叶っていくように**なります。

「叶わないほうが、逆におかしいのではないか!?」って思うようになるかもしれません。
というわけで、兎《と》にも角にも、あなたの生活の一コマから、これからの人生まで、どんどん前祝いしていくことをオススメします。

それでは、はじめに、わたしがあなたを前祝いさせていただきますね。
あなたが今、叶えたいことは何でしょうか？
それを思い浮かべてみてください。
そして、次に、それがすでに叶った状態を思い浮かべてください。
疑っちゃダメですよ。
絶対的に確信して、それに浸《ひた》っていてくださいね。

いきますよ！！！

やったね！

やっぱり、叶っちゃいましたね！

おめでとうございます。

あなたは、素晴らしい結果を手にしました。

心からお祝い申し上げます。


最初は、どうなることかと思っていたけれど、

「あなたなら、できる！　やれる！」

って、実は思っていました。

だから、なんの心配もなく、見守っていたんです。


本当におめでとうございます。

最高ですね。

わたしも嬉《うれ》しくって仕方がありません。

あ～、幸せです。

あなたそのものを、お祝い申し上げます。
おめでとうございます！
そして、これからも、いちいち、おめでとうございます！！！
それでは、『神さまと前祝い』のはじまり、はじまり～！

キャメレオン竹田

もくじ

2章

「ひたすら楽しく！」これが基本です

――「奇跡の起こし方」を完全マスター

3章

すべてを味方につける「前祝いルーティン」
——朝起きてから寝るまでの「喜ばしい過ごし方」

4章

「面白がる天才」になって幸運万来！
——「前祝いマスター」になる方法

5章

ほとばしる歓喜！
もう「幸せ」にしかならない
——すべては自分で創造できるのです！

イラストレーション&写真　キャメレオン竹田

1章

運気が爆上がりする「前祝いの仕組み」

――それって、「魔法使いになれる」ということ

1 「こうだといいな」に意識を全集中！

運がいい人というのは、無意識に前祝いをしているんです。

いつも、何に対しても、「これは、きっとうまくいくな」と、自然と意識を物事のプラスの面にフォーカスさせて、喜ぶ習慣があります。

つまり、**嬉しい感情に、先に浸って体感**しているんです。

自分が何を希望しているかに意識を向けて、希望していないことは意識しない！

これを自分できちんと選択しています。

とても簡単なことではありますが、ほとんどの人は、「自分が希望していないこと」ばかりを意識するクセがついているんです。

ここで、わたしは、あなたに問いたいです。


「いつも、あなたは、希望していることを意識していますか？」

「いつも、あなたは、希望していることを言葉にしていますか？」


常日頃から、これができていれば、あなたはうまくいっているはずです。


しかしながら、この逆をやってしまっているならば……。

つまり、いつも、希望していないことを意識して、希望していないことを言葉にしているとしたら、これって、実は「思い通りにならないこと」を選んで、そして「思い通りにならないこと」を遊んでいるんですね。

まっすぐ進みたいのはやまやまなのにもかかわらず、いちいちムーンウォークをしているようなものなんです。

人間て、面倒くさい生き物ですね。（笑）

しかしながら、これこそが、「思い通りにならないことを堪能《たんのう》する」というゲームを楽しむ星、地球で生きる醍醐味《だいごみ》でもあるんです。

「思い通りにならないことを堪能」している方の口グセは、こうです。

「本当は、○○したいけど……これこれ、こういう理由で、できない」

これって、自分に言い訳ばかりして、自分に許可を出していないだけなんですね。ですので、こんな言葉を発しそうになったら、次の言葉に言い直しましょう。

「わたしは、自分に○○すること（↑希望していること）を許可したので、これからそうなることが、決まっています！」

つまり、希望していないことは口にしないことです。

そして、希望していることを口にするのです。

これを、騙《だま》されたと思って、習慣づけてください。

あなたがそう思えば、あなたがそれを許可すれば、あなたがその言葉を発すれば、そうなるんです。

未来を創造する「夢の叶え方」

こんな簡単なことですが、みんな、「希望していること」を叶えることの優先順位が低いのか……していないんです。

つまり、自分の希望が叶ってしまうことに許可を出していない。

「わたしには○○ができないゲーム」を絶賛、堪能中というわけです。

でも、願いを叶えたいんだったら、今までの「できないゲーム」を終わりにして、たとえ恥ずかしくても、希望していることを口にしてみてください。

というか、口にし続けてみてください。

自分が何を希望しているかを意識することは、希望の未来を創造することにつながるからです。

なぜかと言いますと、わたしたちの世界は、わたしたちそれぞれが意識したことがクローズアップされて、リアルに体験していく仕組みになっているからです。

ですから、どこに意識を向けるかが、超ポイントになっているんですね。

今、目の前のことも、未来のことも、いい面を見る！

これによって、いい世界のほうを選んで、リアルに体験していくことになるんです。

意識しないままでいると、起きた現実に浸るだけという、受け身コースに陥《おちい》りがちです。

しかしながら、いつも、どこを見ていくのか、何を選んでいくのか、どんな言葉を発していくのかによって、わたしたちは、現象を選べるんです。

現象が先に出てくるのではなく、**現象はあとから出てくる**んですね。

これ、ホントです。

つまり、**わたしたちの意識の選択の結果が、今であり、これから**なんですね。

意識って、それほどまでに大事なんです。

あなたが「体験したい人生」は、あなたが選べる!

繰り返し言いますが、**あなたの体験したい人生は、あなたが選べる**のです!

わたしたちは、目に見えるものを一番重視しがちですが、実は、目に見えないもののほうが、はるかに多いんです。

視界を両手でさえぎってみてください。

ほんのちょっとだけ指と指の隙間《すきま》から、世界が見えますよね。

しかしながら、垣間《かいま》見えるのは、ほんのちょっとだけ。

わたしたちの目に見えている世界も、こんなものなのです。

「目に見えない世界」が大部分を占めていると言っても、過言ではないでしょう。


そして、この**「目に見えない領域」を、いかに上手に使うかによって、目に見える世界を面白く、楽しく、アレンジしていくことができる**んです。

すなわち、あなたが体験したいことを体験していけるんですね。

そして、その一つの素敵な方法が、「前祝い」なんですね。

2 なぜ「先に祝う」と運が自在に操れる？

なぜ、「先に祝う」ことで、運が自在に操《あやつ》れるのでしょうか？

それは、

・最強の魔法「言霊《ことだま》」がやどる
・「心地いい波動」が出る
・宇宙にオーダーが入る

からです。

この三点セットが一度に行なわれることで、運が操れてしまうのです。

①最強の魔法「言霊」がやどる

まず、言霊の話からはじめましょう。

言霊とは、日本の言葉にやどる「霊的なパワー」です。

発した言葉通りの結果を体験することになるという、ものすごい力なんです。

この言霊のパワーを軽く捉《とら》えている人が多いのですが……。

いやいやいや、**言霊のパワーは最強で、魔法**と言っても過言ではありません。

これを軽んじている人は、いつでも使えるすごい魔法があるのに、使っていないのと同じです。

もったいないですよね。

わたし自身も、日頃から発する言葉には、注意するようにしています。「いい、こと」「望ましいこと」は、どんどん言葉にして発するようにして、「望ましくないこと」は口にしないようにしています。

たとえばついつい、「疲れた！」と言いそうになっても、「ツイてる！」と言うようにしています。最初の一文字しか合っていませんが。（笑）

また、人を批判するのに一生懸命な人がいますよね。人のことを責めて気持ちよく感じるのは一瞬の錯覚《さっかく》で、実は、その言葉によって自分自身が批判されてしまうような未来をつくり上げてしまっているのですね。

また、日頃から、望んでいないことばかり口にしていたり、できない理由ばかり話していたりすると、宇宙は、「それを望んでいる！」と思って、勝手に受注してしまうんです。

宇宙って、親切がいきすぎていますね。（笑）

ですから、自分が「希望していないこと」をつい口にしていないか、いちいちチェックしてみるといいでしょう。

さらに、**この世界は、出したものが、予想外の方向から何倍にもなって返ってくるというシステム**になっています。

ですから、**素敵な言葉は、「発したもの勝ち」**と言っていいでしょう。

これを知っているのと、知らないのとでは、住む世界も、見える景色も大きく変わってきます。

②「心地いい波動」が出る

次に「波動」についてお話しします。

波動については、わたしの今までの王様文庫の著作「神さまシリーズ」でもお馴《な》染《じ》みですが、知らない人のために、少しだけ説明させていただきます。

わたしたちは、心で感じたこと（嬉しい、楽しい、心地いい、安心、イライラ、不安、心配etc.）が、いちいち波動になって出てしまっているんですね。

そして、出た波動と同じような気持ちになる現実を、時間差で体験することになっています。

ですので、**今体験していることは、ちょっと前に自分から出てしまった波動が、現象化したこと**なんです。

つまり、いつも「心地いい波動」を出していれば、「心地いい現実」がやってきて、いちいち「心地よくなるループ」を体験していくんですね。

③宇宙にオーダーが入る

それで、ですね。

「前祝い」をしている最中というのは、すごくいい波動が出ているんです。

「前祝い」をしていると、とても嬉しく、楽しく、幸せな気持ちになります。

これが波動となって、また嬉しいこと、幸せなことが現象化するんですね。

さらに、前祝いでは、「願いが叶った状態」を先にイメージで堪能するわけですから、願いが叶ったときの気持ちにふさわしい現象を引き寄せます。

すなわち、「そのときと同じ気持ちを味わう」とは、「そのときと同じ波動が出ている」ということなのです。

ゆえに、「願いが叶う」という現象が起こってくるというわけです。

そして、実はこれこそが、**宇宙にオーダーを入れている**ということなんです。

「宇宙にオーダーを入れる」という言い方でピンとこない方は、「潜在意識にスコーンと入っちゃう！」という認識でもＯＫです。

オーダーが入ってしまえば、あとは待っていれば、「願いが叶った状態」が勝手に運ばれてくるんですね。

これって、**宇宙のウーバーイーツ**ですね！

3 「イメージできる世界」はすでに存在している！

あなたがある世界をイメージできるということは、すでにその世界は、**パラレルワールド（並行時空。この世界と並行して無限にある世界）として存在している**証拠です。

そして、存在しているということは、**そこにシフトすることも可能**ということなんです。

あなたは今まで、「思ってきたこと」を体験してきました。

そうです！　意識することによって、あなたの現実が姿を現わすのですね。

というわけで、これからは、自ら体験することを自由に選び取っていきましょう。


わたしたちは、秒速でパラレルワールドを行き来しています。

ちなみに、波動をいい状態にしていくことで、今よりも、波動のいいパラレルワールドへシフトしますので、苦手だった人が、ちょっぴりいい人になったりと、いろんな変化が垣間見られます。

面白いですよね。

「理想のパラレルワールド」への道筋のつくり方

それで話を元に戻しますと、あなたが「イメージできてしまう」ことは、そのパラレルワールドが実際にあるということなので、そちらにシフトすればそれを体験できるんですね。

では、**「どうやってシフトするの?」**という話ですが、そのパラレルワールドにいる自分と同じ気持ちになる、つまり、**同じ波動を出せばいいだけ**です。

今いる世界と微差しかないパラレルワールドなら一瞬でシフトできますが、ちょっとだけ距離のあるパラレルワールドにシフトする場合は、まず「それを体験するための道筋ができてくる」という流れになります。

思わぬところから情報をゲットしたり、新しいご縁ができたりして、「つじつま」が合っていき、そのパラレルワールドにいる自分と発想や考えも近づいてくるんです。

では、同じ気持ちに浸るには、どうすればいいのでしょうか?

はい! それが、「前祝い」なんです。

早く、前祝いしたくなってきたでしょ!

4

「今」を変えると、過去も未来も書き換えられる

「未来を知りたい人」って、とてもたくさんいるのですね。

未来というのは、普通、「今のあなた」の先にある未来のことを指します。

でも、今のあなたの「意識の向け先」が変われば、「未来にどんなことを体験するか」も変わっていきます。

「意識の向け先」が変われば、パラレルワールドも変わりますので、体験する未来も、自然にちょっとずつ違ってくるわけです。

時間は、過去から現在、現在から未来に進んでいくように見えますが、「今の

意識の向け先」を変えると、パラレルワールドがシフトします。

つまりタイムラインが変わるので、未来も変わりますし、過去も勝手に書き換えられていきます。

あんなに気にしていたことが、そうでもなくなってくるのは、そのためです。

そして、**「意識の向け先」を変える方法が、前祝い**なんです。

ちなみに、前祝いを使いこなすには三つのポイントがありますので、ここでご紹介していきましょう。

①純粋に「願いが叶った未来」に浸り切る

「こうだといいな」という願いが出てきたときには、いちいち「前祝い」を忘れずに実行しましょう。

それは、自分に対しても、まわりに対してもです。

自分一人で、自分に「前祝い」をするときには、自分に対して、「おめでとう！」「さすが！」「最高！」などと祝いの言葉を思いっきりシャワーのように降らせ、ひたすら、「願いが叶った未来」に浸り切ってください。

お祝いに大好物のものを食べて、一人で乾杯をしてもいいでしょう。

また、**ノリのよい友人がいれば、一緒になって喜んでもらう**ことも効果絶大になります。

まわりの人に対して前祝いをするときには、すかさず、「おめでとうございます！」と言い切ってください。

ここで恥ずかしがってはいけません。

「言い切ること」がポイントです。

あなたが、純粋に「前祝い」をすることで、相手の未来を素敵にしていくお手伝いができますし、その言葉と波動を出したあなたにも、素敵な未来が用意されていくでしょう。

「一石二鳥」過ぎますね。

②「意識」と「言葉」は希望の世界にフォーカス

「前祝い」をするときは、「希望する世界」をきちんとイメージしてください。

ちなみに、普段から「発する言葉は、すべて望んでいること」にしていくと効果は爆増していきます。

反対に、「でも……」のような言い訳は、NGです。

「希望する世界」をイメージしながら「前祝い」をすると、あなたも、その場に一緒にいる人も、**「その願いが完全に叶った次元」に一瞬にして移行**します。

だから、本気で「前祝い」をしてください。

ある意味、「本気でふざける雰囲気」といえるかもしれません。

遠慮することはありません。誰に迷惑をかけているわけでもありませんし、楽しかったらOKなんです。

楽しいと感じているときの波動は、最強です。

そして、楽しいと感じているときの波動は、**願いが叶っているときの波動と一致**してるんです。

波動のチャンネルが合えば、願いが叶った現実が、あなたの世界に放映されるのです！

ちなみに、**わたしの座右の銘は「真剣にふざける」**なんですね。

たとえば、友人たちと遊ぶときに、わたしは真剣にふざけることが多いんですね。(笑)

そうすると、友人たちも、みんな一緒になって真剣にふざけてくれます。そして、それがめちゃくちゃ楽しいのです。

その場の波動が一瞬にして軽くなり、さんざん笑ったあとには、滞《とどこお》っていたことが、不思議とス～ッと動き出したりするんです。

こんなふうに、楽しく、真剣にふざけていると「いいこと」が自然と起きてしまいます。

油断すると開運してしまうんです。

これ、本当なんです。

波動は、その波動にふさわしい現実を引き寄せていますからね。

ちなみに、「前祝い」をすることに慣れてくると、お祝いできる部分をついつい発見してしまえるようになります。

お祝いしたくなる部分が「浮き出て見えてくる」と言いましょうか。

目の前の人や物事の願いを、どんどん叶えてあげたくなってしまうんですね。

もう、こうなったら、こっちのものです。

これは、**あなたが、魔法のランプの中のジーニー状態となりつつある証拠**です。

みんなが、あなたに会いたくなるでしょう。

さらに、「いい未来をイメージするクセ」がついてくるので、人の願いを叶えることはもちろん、自分自身の願いも一段と叶いやすくなってしまうのです。

ちなみに、「前祝い」をしているときに、その希望がすでに叶った体《てい》で言葉を発したり、イメージを膨《ふく》らませたりするのですが、その場でイメージした通りのことが起きたりすることはよくあります。

あるいは、そのイメージ以上の素敵なことが起きることもあります。

楽しい波動を出しながら、素敵な未来にアクセスしているので、自動的に、チャネリングが行なわれているんですね。

なので、「前祝い」中や、その後のふとした瞬間に、

「あっ今、こんな映像が見えた！」
「あっ今、こんなセリフが聞こえた！」

「あっ今、こんな予感がした！」
「あっ今、数字が見えた！」

という人も続出します。

「未来には簡単にアクセスできる」ことを知ることになるでしょう。

③希望のゴールは明確にする

わたしは、「タロット占い師」を養成する学校も主宰《しゅさい》していますが、実は、**タロットカードの中に、「前祝いカード」があるんです。**

それが、**「星のカード」**です（次ページのイラスト参照）。

星のカードは、希望を表わす星が夜空に浮かんでいます。

大きな星は、ゴール、つまり希望や目標を表わしていて、そのまわりの小さな星は、そこに辿《たど》り着くまでの中間地点を表わしています。

希望や目標はキラキラとした存在感を放つものほど、そして羅針盤のように明確なものであるほど、いろんな点と点がつながり、線となって、願いが叶う道筋ができあがっていきます。

これって、カーナビの設定と一緒ですね。

どこに行きたいのか明確にしておけば、カーナビが案内してくれるから、しっかり目的地に辿り着けるわけです。

そう考えていくと、小さい星たちが「道の駅」に見えてきました。(笑)

そして、カードの絵の中の裸の女性は、水瓶《みずがめ》からカタルシスという浄化の涙をザバ〜ッと出し切っているんですね。思いっきり泣いたあとって、スッキリするじゃないですか。

思いきり泣くことって、ある意味、「祭り」みたいなものですし、「前祝い」でもあります。

「わ〜〜〜っ」と、気持ちを吐き出し、「こんなふうになりたい！」と希望を出しまくることで、その希望が叶うパラレルワールドにシフトしていけるのです。

宮古《みやこ》列島の多良間島《たらまじま》に行ったときに、偶然、豊年祭が行なわれていたんですね。

豊年祭とは、農作物の豊作を祝って感謝をするお祭りですが、次年の豊作の祈りも捧げられます。

つまり、「前祝い」ですね。

みんなで、大きな声で歌いながら、お酒を酌《く》み交わします。

余談ですが、そのときにNHKが取材に来ていて、わたしは、NHKと沖縄の新聞に知らぬまにお祭りの参加者として出てしまいました。（笑）

まとめますと、**希望を明確にし、楽しく、わ〜っと「前祝い」することで、その願いは叶うことが約束されていく**んです。

そして、「前祝い」をしてそれが叶ったら、また「感謝の祝い」をしましょう。サンドウィッチ方式でお祝いをしていると、「気づいたら、ずっと祝っている！」というサイクルが巻き起こります。

ずっとお祭りをしている感じで、楽しいですね！

おまけ：前祝いは、六十八秒以上

ここで、「宇宙意識の集合体」であり、「スピリチュアル・ガイド」として有名なエイブラハムの教えについて書いてみたいと思います（エイブラハムとの対話が読める本としては、『引き寄せの法則　エイブラハムとの対話』（ＳＢクリエイティブ）などがあります）。

エイブラハムによると、意識の焦点を合わせるときに、**十七秒で宇宙に電波が通じ、六十八秒で現実の創造がはじまる**とのことなんです。

ですので、これを使わない手はありません。

「前祝い」にも取り入れて、**「願い叶えまくりの儀《ぎ》」**として、使っていきましょう。

5 「心地よく感じるほう」があなたの本心！

「前祝い」することの重要性をわかっていたとしても、「自分が本当は何を望んでいるのかを知らない！」という人がいます。

そうです、「何を食べたい？」と聞かれても、「なんでもいいよ！」と答えてしまうあなたです。

自分の希望を持たずに、まわりに合わせて生きてきた人に多いんですね。

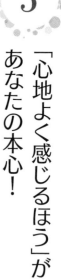

自分が何を望んでいるのかわからないときは、**心地よく感じるほうが、あなたの本心**です。

心地よく感じるというのは、あなたの神さまがＯＫを出している証拠なんですね。


ですから、あなたが選ぶこと、やろうとしていることに対していちいち、自分の心に、

「これをすることは、心地いいですか？」

「これは、わたしにとって、しっくりくることですか？」

と問いかけてみてください。


心地いいならＯＫ、しっくりくるならばＯＫの印です。

そうではないなら、あなたは、それを本当は望んでいません。

この作業はとっても大事なので、クセにしておくといいくらいです。

「すべてが可能だとしたら、本当はどうしたい？」

しかしながら……その「心地よい」という感覚さえもマヒしてしまって、わからないという人がいるんですね。

そんな人でも、「嫌なこと」であれば、わかりますよね。

あるいは、

「自分には無理だけど、本当はこうしたい……」

「あのとき、こうしたけど、本当はこうしたかった……」

ということも、わかりますよね。

あなたがどんなことを思っても、どんなことを希望しても、みんなに歓迎されるし、みんなに応援されるとしたら、どうしたいでしょうか？

本当の気持ちを出すことを、自分で抑えていませんか？

ちなみに、言えないことを、やっとの思いで言えたときに、魂が震えて涙が出てくることがありますよね。

我々、人間には、本当の気持ちをきちんと出せると魂が歓び、本当の気持ちを押さえつけると苦しくなる機能がついています。

また、魂の喜ぶままに、「本当の自分」を生きている人を見ていると、わたしたちの魂も共鳴して、歓びを感じたり、感動したりするものです。

つまり、**本当の自分を生きることで、自分も人も喜ばせることができる**んですね。

さて、本当の気持ちが行方不明なあなたのために、**単語帳を活用**していくことをオススメします。

あなたが、違和感を覚えたことや、嫌だなと思ったこと、そして、自分には無理！　と思っていることを、片面に書き込んでいくのです。

そして、その裏面に、

「じゃあ、すべてが可能だとしたら、本当は、どうしたいの？」

と自分に問いながら、言葉を書いていきましょう。

それが、あなたの心の声であり、希望なのです。

6 あなたの「魔法使い度」をチェック！

「前祝い」を、とことん自分の技術にしてしまいましょう。
そうすれば、あなたのまわりには、もう「いいこと」しか起こりません。
だって、あなたは**魔法使い**になってしまっていますからね。

そこで、今のあなたの「魔法使い度」をチェックしてみましょう。
そして、この本を読み終わったときに、もう一度、チェックしてみてください。
「魔法使い度」が少しでもアップしていたら、大成功です。

おめでとうございます！

さて、チェ〜〜〜〜ック！！！

前祝いチェックリスト① パーフェクトなら、もはや魔法使い！

□自分に「こうだといいな」という希望が出てきたら、それが叶った状態に浸りながら前祝いするのが好き。

□人が何かを希望していることに気づいたときも、それが叶った状態に浸りながら前祝いをするのが好き。

□人を心から前祝いすることは、自分をも前祝いすることにつながっていることを知っている。

□自分の身近な人に「いいこと」があると、次は自分の番だと確信する。

□いちいち、人や物事、状況のプラスの面を発見することができる。

□人の素敵なところを発見したら、いちいち、口に出して褒《ほ》めたり、伝えたりすることができる。

□自分のことを大切にしていて、とても尊敬している。

□自分の希望が叶ったときは、自分の「意識のパワー」や「前祝いのパワー」をしっかり認めることができる。つまり、人生を創造していくパワーが自分にあることを、ちゃんと受け入れることができる。

□自分の素敵なところを発見したり、「すごい！」と思ったりすることがあったら、素直に認めて受け入れることができる。

□自分よりもうまくいっている人と自分を比べて、卑下《ひげ》したり、いじけたりせず、逆に、相手の優れているところを取り入れて、「自分にもできた！　おめでとう！」と、前祝いすることができる。

□「あの人だからできる！　自分にはできない！」という、地球独特の遊びをしない。自分は、実は、なんでもできることを知っている。

前祝いチェックリスト② パーフェクトなら、これから魔法使いへ！

□自分に「こうだといいな」という希望が出てきても、自分にはできるわけがないと、どこかで思っている。

□人が何かを希望していることに気づいたときも、「そう簡単に叶うわけがない」と、どこかでバカにしている。または、内心、「叶ったら、なんか嫌だな……」と思っている。

□人を心から前祝いすることは、面倒だし、楽しくないし、時間の無駄。

□自分の身近な人に「いいこと」があると、嫌な気持ちになる。

□いちいち、人や物事、状況のマイナスの面を発見して、愚痴《ぐち》ってしまう。

□人の素敵なところを発見したら、わざとマイナスポイントを探して指摘し、勝った気になっている自分がいる。

□自分のことはいつも後回しにしていて、自分なんかが幸せになってはいけないと思っている。

□自分の希望が叶ったときは、単なる偶然であって、自分の「意識のパワー」や前祝いをしたことは、関係ない気がする。つまり、人生を創造していくパワーは、自分にはない。

□自分には素敵なところや、「すごい!」と思うことがあまりない。

□自分よりもうまくいっている人と自分を比べて、卑下したり、いじけたりしてしまう。

□「あの人だからできる! 自分にはできない!」という、地球独特の遊びをしまくっている。「うまくいく人は、どうしてうまくいくのか謎《なぞ》過ぎる」と思っている。

コラム
1

「実は、あなたは神さまです！」という話

「実は、あなたは神さまです！」という話をしたいと思います。

あなたの世界は、実はあなたがつくっているんです。
これは、**「波動の法則」**からも明らかですね。
あなたの感情の波が波動となって、現実をつくっているのです。

つまり、「波動の法則」さえマスターしてしまえば、希望通りの人生を味わい尽くすことができる、ということ。

そして、わたしの本ではお馴染みの**「設定の法則」**についても、説明しておきます。

わたしたちは、自分が体験したい現実を、「先に決めちゃっていい」のです。

システムエンジニアのように、あなたの人生は、あなたが先に設計できます。

うまくいっている人は、これを、無意識にしているんです。

「起きた現実に反応していく人生」と、「体験することを先に決めていく人生」。

あなたは、どっちがいいですか？

これは、もしかしたら、好みが分かれるかもしれません。

選択は自由なので、あなたの人生は、あなたにお任せいたします。

「あなたの人生」の創造主は、あなたです。

つまり自分がすべての主導権を握《にぎ》っているわけですね。

誰かにコントロールされそうになったときや、高圧的な人が登場したときに、〝恐れ〟が出てくることがあります。

わたしたちは、自分の魂の自由を奪われそうになると、〝恐れ〟が出てきやすいんですね。

でも、いついかなるときも、あなたの人生の主人公は、あなたです。だから、そのまま、流されるように、自分以外の誰かを主人公にして、まるでエキストラのように指示通りに行動しなくていいんです。

あなたの人生の創造主は、あなたなのですから、あなたがいろいろ決めていいんです。

といっても、人をコントロールしろという意味ではありません。

自分自身を尊重し、人のことも尊重して、謙虚さを持って生きましょう、という話なのです。

2章

「ひたすら楽しく！」これが基本です

——「奇跡の起こし方」を完全マスター

1 遠慮は不要！　いつでも「明るく、ノリよく」いく！

前祝いをするときには、遠慮はいりません。
お祝いするほうは、ひたすら楽しくその行為を堪能しましょう。
お祝いされるほうは、すべてを完全に受け入れましょう。
これが、**「前祝いの効果」をテキメンにするコツ**です。

たとえば、前祝いをしてもらっているのにもかかわらず、「それを達成するのは、無理でしょ！　夢物語でしょ！」と感じていたとしたら、意味がないんですね。相手が送ってくれた素敵な波動は、あなたのところでピタッと止まってしまって、宇宙にオーダーが届きません。

ですので、前祝いの言葉と行為を完全に受け取り、その場の雰囲気に浸り切ることで、自分のものにしてしまうのです。

「キャメさん、重版おめでとうございます！」

前祝いは、「なんでもうまくいってしまう自分」を受け入れることからはじまります。

「自分は夢を叶えていい！」と、まず「許可する」ことからはじまるんです。

これは、些細《ささい》な、わたしの日常の一コマの話です。

二〇一八年の夏に『神さまの家庭訪問』（三笠書房《王様文庫》）が出版された

ときの話です。
わたしは、友人たちと、京都の出雲大神宮《いずもだいじんぐう》にいたんです。社務所の中で、宮司さんや、当時の禰宜《ねぎ》さんたちと、和気藹々《あいあい》、お茶をいただきながら、お話をしていたんですね。

すると、そこに、禰宜さんのお友達のHさんがやってきました。
Hさんは、とても面白い人でした。
みんなで、いろいろとお話をしていると……浦島太郎が竜宮城にいたときのように、あっという間に時間が経《た》って、社務所には五時間くらいいたんですね。(笑)
そして、別れ際に、ちょうど持っていた、わたしの新刊本をHさんにお渡ししたんです。

その瞬間です!

「キャメさん！　重版おめでとうございます！！！」

と、Hさんはとても大きな声で言って、拍手をしはじめたんです。

わたしは、すかさず、

「ありがとうございます！」

とお礼を言いました。Hさんの言葉を自然に受け入れていました。

明るくて、ノリがよくて、楽しい波動が、その場に流れました。

その数日後、この本の編集者さんから一通のメールが！

―重版のご連絡です―

2 「あ〜だこ〜だ」考えるより「とにかく、やる」

どんなときでも、どんなことに対しても、前祝いはできます。

たとえ、困難な出来事が起きたとしても、その中にも「前祝いできるところ」が見つかるんです。

人生では**「前祝いができるところを見つけたもん勝ち」**といえるでしょう。

では、その「見つけ方」ですが、その困難が「もう終わったところ」に焦点を合わせるだけでいいのです。

さらに言えば、「その困難が起きる前の状態よりも、さらによくなっている未来」に意識の焦点を合わせてください。

そして、次のようなことを言います。


「無事、解決しました！　おめでとうございます！」

「もう、その困難は終わりました！　わ～い！　わ～い！」

「今思えば、それがあったからこそ、逆にものすごく、よくなっちゃったね！　おめでとう！」


文言は、決まっていません。その都度、自分がしっくりくる言葉を発して、喜びながら前祝いをしましょう。

前祝いをしているうちに、波動が変わりますから、見えてくる現実もちょっとずつ変わり、さらに、新たな道も見えてくるでしょう。

これは「現実逃避」ではないのです

お祝いをしながら、感想をシェアし合うのも、とても効果的です。

人生や状況がどんなに素晴らしく変わったかを、熱く語り合ってください。

また、ポイントとしましては、その困難をどうにかしようとするのは、いったん忘れていただき、**お祝いに徹する**ということです。

これは、一気に喜ばしいパラレルワールドにシフトするポイントです。

こういう話をすると、毎回、「それは現実逃避なのでは?」といった質問をいただきますが、そうではありません。

前祝いは、素晴らしい「技術」です。

ですから、「あ〜だこ〜だ言う」前に、「とりあえず、やる」習慣をつけてしまいましょう。

思考で理解するよりも、体感して味わっていただいたほうが、早いからです。

なぜか「心に余裕」が生まれてしまう！

ちなみに、何かと忙しいときには、前祝いという技術を知っているのに、やらずに省《はぶ》いてしまうことがあります。

これは、とっても、もったいないです。

なぜなら、**前祝いは、まさかの「時間調整」にも使える**からです。

バタバタしているときは、焦《あせ》っているし、視野が狭くなっているのですね。

しかしながら、前祝いをすると、一気に思考が緩《ゆる》まって、視野が広がります。

さらには、感情も解放されていきます。

すると、時間の捉え方に余裕が生まれ、思考も柔軟になってくるんですね。

「あ～、あれは、もっとあとでも大丈夫だ！」

「あ〜、あれは、手伝ってもらえば、いいやつだ！」
「あ〜、あれは、やらなくてもいいやつだ！」
など、今まで気づかなかったことにも、気づき出して、心に余裕が生まれたり、要領がよくなったりしていきます。

次第に、バタバタしたタイムラインから外れることができるのです。

前祝いをすると、波動が整いますから、あなたから出る波動が心地よいものに変化します。

すると、起きる現象が、ちょっとずつ、「心地よいもの」に変わっていきます。

というわけで、バタバタしているときほど、前祝いは重要なんですね。

では、わたしも、ここでひとつ、あなたに前祝いをさせていただきます。

よかったですね！
あなたは、すべて無理なく、楽に進めることができましたね！
おめでとうございます！！！

3 「いちいち悩んでいる暇」がなくなる

前祝いが習慣になると、**心配や悩みが脳裏をよぎりそうになったときこそ、すかさず前祝い**をするようになります。

そもそも、わたしたちの脳は、暇になると、過去や未来のどうにもしようがないことや、余計なことを考える習性があります。

つい、くよくよしてしまうのは、「単なる人間の習性」なんだと知り、そして認めておくだけでも、気持ちは楽になるでしょう。

また、そうした感情に支配されないようにするには、方法が四つあると思っています。

1 脳をほかのことで、忙しくさせる

これは、仕事に没頭したり、手先を動かしてコツコツ何かをつくったり、掃除をしたり、あるいはネットフリックスなどで、ドラマや映画の世界に入り込むのもいいでしょう。

2 瞑想などで、脳を休ませてしまう

瞑想《めいそう》を習慣にすれば、いつでも脳をシャットダウンすることができるので、無の状態にシフトし、ストレスから上手に解放されます。

3 スポーツや散歩など、体を動かして、脳に主導権を握らせないようにする

体全体を使うときには、様々な筋肉を動かさなければなりません。

つまり、脳は腕や脚に指令を送るなど、忙しくしてくれます。

また、顔だけ森進一さんのモノマネをしながら体を動かすと、小さな心配や悩みなどは、どうでもよくなってきます。

これ、ホントです。

ついでに、わたしたちは生き物なので、程よい日光浴によって、イキイキしますしね。

4 息を止めたり、一度にいろいろなことをしたりして、ハードな状況をつくり出し、脳をパニック状態にさせる

これは、荒業《あらわざ》ですが、脳をパニック状態にさせれば、マイナスなことを考える

ことは、脳にとって優先順位が極めて低くなります。
だって、マイナス思考は、何もすることがないときに発動してしまいますからね。
ということで、ここでは、1を使います。
脳を、前祝いで忙しくさせてしまいましょう。
不安や心配事、あるいは悩みがあるのであれば、今、ここに書き出してみましょう。

・

・

・

・

・

・・・

はい、すべて解決しました。

おめでとうございます。

と、わたしがまとめて前祝いをさせていただきたいところですが……。

あなた自身で、これら一つひとつに、前祝いをしていきましょう。

思いっきり、大きな声でお祝いしてくださいね。


もちろん、一人でお祝いしてもOKですし、ノリのよい友人がいたら、一緒になってお祝いしてもらいましょう。

「不安が出てきたら↑前祝い♪」

「心配が出てきたら↑前祝い♪」

「悩みが出てきたら↑前祝い♪」

いつでも、このリズムで、過ごしてみてください。

そうしていくと、いつの間にか、あなたの世界は、バンバン変わっていきます。

ちょっと「ふざける」だけで、楽しい気分が充満！

ここで一つ、小話をさせてください。

友人たちが、アメリカのアリゾナ州にあるセドナのホテルに泊まったときに、ホテルのスタッフに相談されました。それは、

「○○号室の日本人のお客さまが、何か困っている様子だけれど、英語が全く通じないので、お話を聞いてもらいたい！」

ということでした。


わたしの友人たちは、その部屋に出向きました。

部屋のドアを開けて出てきた瞬間の女性は、暗くて、重たい波動に包まれていたそうです。

理由を聞くと、「足を怪我《けが》してしまい、痛い！」ことに加えて、いろいろなスケジュールが実行できなくて、日本に帰るにも帰れず、疲労困憊《こんぱい》、とのことでした。

とりあえず、友人たちは、彼女のために痛み止めのお薬を買うべく、お使いに行きました。ついでに、彼女の心が明るくなるような、「ふざけたもの」も買うことにしたそうです。

そして、「おめでとうございます！　これでもう痛くなくなりますね」と、その「ふざけたもの」を先に出すと、今まで、暗くて険《けわ》しかった女性の顔が、急に笑顔になったとのこと。

もちろん、そのあと、痛み止めをお渡ししたのですが、場の空気が一気に明るくなって、女性は饒舌《じょうぜつ》になりはじめ、みんなで二時間くらい和気藹々、トークをしたそうです。

気がつくと、最初に顔を合わせた女性とは、全くの別人になっていたとのこと。

そして、最後には、「とても楽しい気分になったので、連絡先を教えてくださ い」と言われたそうです。恩返しをしたいから、と。

一気に別のパラレルワールドにシフトしましたね。

おめでとうございます!

「最高で最強な自分」を思い出せる

また、悩みがちな人と同じく、「誰かと比べてしまうクセ」がある人も、前祝いを有効活用できます。

基本的に、誰かと比べる必要ってないんですけどね。

なぜなら、**あなたは、あなたで、最強に最高**だからです。

誰が何と言おうとも、世界がひっくり返ってもです。これは変わることがありません。

しかしながら、わたしたちは、情報が渦巻《うずま》く中に生きていますから、ついつい、優れている人、楽しそうな人、豊かな人と自分を比べて落ち込んでしまうことがあるかもしれません。

そんなときにこそ、前祝い！

これをうまく使うことで、あなたが比べてしまったあの人よりも、さらに上に行ってしまうことも、普通にあります。

信じるか信じないかは、あなた次第ではありますが、「あ〜だこ〜だ」言う前に、やってみるに越したことはありません。

まず、あなたが「羨《うらや》ましいな！」「この人すごいな！」「ちくしょ〜！（笑）」

などと思う人がいたら、その人やその人の状況をリストアップしていきましょう。

・・・・・・・・

はい！　おめでとうございます。

あなたは、この方々を一瞬でごぼう抜きして、そして、これらの状況を、いとも簡単に達成することができました！！！

すごいですね！

さらに、もっと上に行っちゃいますね！

わたしには、そう見えます。

おめでとうございます。

と、わたしがまとめて前祝いをさせていただきたいところですが……。

あなた自身で、これら一つひとつに、前祝いをしていきましょう。

思いっきり、大きな声でお祝いしてくださいね。

もちろん、一人でもOKですし、ノリのいい友人がいたら、一緒になってお祝いしてもらいましょう。


イメージを膨らませるために、その状況、人、風景などの画像をスマホに入れておいたり、まとめてどこかに貼《は》っておいて、見てニヤニヤしながら、お祝いをすると、願いが叶うまでのスピードが加速していきますよ。

そんなあなたに、いちいち、おめでとうございます！

→

しつこいでしょ！（笑）

前祝いは、**しつこく祝うところも、また、醍醐味**なんですよね。

4 持ち物を「夢実現へのアイテム」に変えられる

さて、わたしたちは「モノ」に対しても、前祝いができるんです。

モノに対して前祝いをすることで、「素敵な設定」が入って、モノが夢の実現へと導いてくれるアイテムに変わるんですね。

モノに対して前祝いをすることは、そのモノに「息を吹き込む」ことと言っても過言ではございません。

それでは、わたしの場合をご紹介しますね。

わたしの描いた絵の〝嫁ぎ先〟で幸運ラッシュが！

わたしは、画家もしているのですが、絵のご注文をいただいたときには、その絵画に対して、

「嫁《とつ》いだ先で、みんなにいちいち『いいこと』が起きて、みんなはいちいち幸せになりました！　おめでとうございます！！！」

と、勝手に前祝いをしているんですね。

ですので、絵の嫁ぎ先の方々から、「幸運な出来事」のメッセージをいろいろいただきます。

たとえば、代官山の美容室BULB《バルブ》さんのオーナーさんが、わたしの絵を飾りたいと言ってくれたので、そのお店には三枚ほど飾ってあるんですね。

で、ですね……。

「絵を飾りはじめた途端《とたん》に、過去最高の売り上げを達成しました！」

と、オーナーさんから、ご連絡をいただきました。

もう一つの話をしますと、数年前に、ビーサン（ビーチサンダル）を買ったときのことです。

「このビーサンを履《は》くと、不思議と、いろいろなところに導かれて、素敵な経験ができました！　ありがとうございます！」

と、前祝いをしておいたんですね。

そうしたらですね。わたしは、このビーサンに、世界中の様々な聖地に連れて行ってもらえたんです。

ただですね、五つ星ホテルのラウンジなど、ビーサンのままでは入れないところがあったのです。わたしはビーサンを履いた足にハンカチを巻き（三歩、歩くとハンカチがはがれるという困難をきたし、足の指に圧力を全集中！）、無事、バレずにドレスコードをクリアしました。

そのとき、私の脳裏には、映画『ミッション：インポッシブル』の曲が流れていました。（笑）

さらに、このビーサンを履くことによって、大好きな「旅」が仕事につながりました。

ＡＮＡさんの「キャメさんぽ」シリーズがはじまってロケに行ったり、マガジンハウスさんで「キャメさんぽ」のムック本が出たりしました。

記事や本で、そのビーサンを履いているシーンがありますから、チェックしてみてください。（笑）

さあ、あなたが「前祝いをしたいモノ」をリストアップしてみましょう。

新品のものでもいいですし、今まで使っていたものでも大丈夫ですよ！

誰かにプレゼントするものにも、相手の幸せを願って、盛大に前祝いをしちゃいましょう。

・・・・・・・・

はい！　おめでとうございます。

これらのモノたちは、めちゃくちゃ喜びながら……あなたを、素晴らしい世界へと導いてくれました！！！！

ありがたいですね！
すごいですね！
もう感謝しかありませんね！
わたしには、そう見えます。

と、わたしがまとめて前祝いをさせていただきたいところですが……。
あなた自身で、これら一つひとつに、前祝いをしていきましょう。

思いっきり、大きな声でお祝いしてくださいね。
もちろん、一人でもOKですし、ノリのいい友人がいたら、一緒になってお祝いしてもらいましょう。

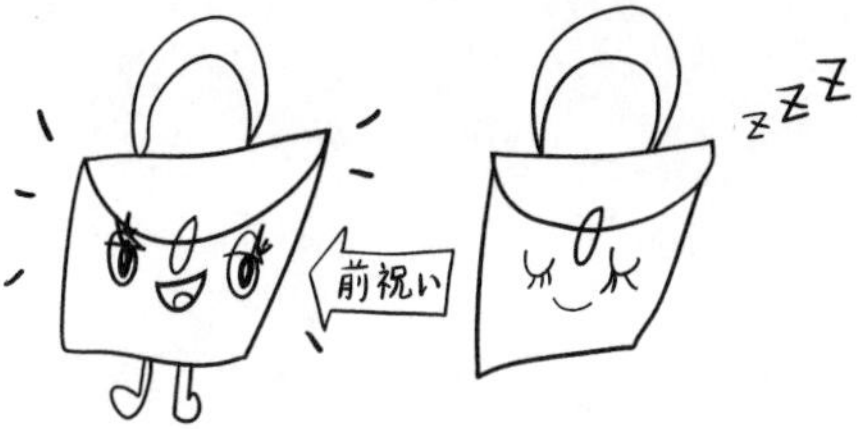

5 なぜ「素敵な引っ越し先」まで見つかってしまう？

実は、「引っ越し先」に対しても、前祝いができてしまいます。
こちらは、二パターンあります。
一つ目は、「素敵な引っ越し先に出会う前祝い」です。
やり方は、とても簡単です。

すでに理想の住まいに暮らしている自分の姿をイメージしながら、
「素敵な住まいに引っ越せました！　本当に、ありがとうございます！」

と大きな声で、前祝いをしてみましょう。

引っ越しそばを食べて、日本酒を飲みながらすれば、さらに雰囲気が出ますね！

「素敵な引っ越し先」については、本当に自由にイメージしていただいて大丈夫です。

イメージがしにくい場合は、ネットの画像検索で、理想の間取りや外観、内観、街の雰囲気などをストックして、時間があるときに、チラチラと見ておくといいでしょう。

わたしは「理想の住まい」をこうして引き寄せた

ちなみに、わたしは、約六年前に、今の住まいに引っ越してきたんですね。

引っ越す半年前くらいから、みんなに、

「三階建てで屋上があって、階段がいい感じに可愛くて、大きな窓からは、緑が見えて、もちろんペットOKの住まいに引っ越すことになる！　三年後はそうなっている！」

と言い切っていました。

イメージに近い家や部屋の写真を見つけては、ストックもしておきました。

そして、引っ越しそばを食べたりして、一人で前祝いもしていたんですね。まあ、日清の「どん兵衛」（天ぷらそばは日清で、きつねうどんはマルちゃん派）とかですけどね。（笑）

さらに、イメージし切ることは、その通りになると確信していました。するとと、それから半年後には、今住んでいるマンションに呼ばれてしまいました。

さらに、この話には続きがあります。

そのマンションに住んでいると、そのマンションの中でも、一番、部屋からの眺めが美しい、素敵な部屋を発見したんですね。しかしながら、どこの部屋も人が住んでいました。

わたしは、旦那さんに、「あの部屋に住むことになる!!!! やった!」と言って、さりげなく前祝いをしていました。

いちいち前祝い!(笑)

すると、なんということでしょう。

それから、一週間しか経っていないのにもかかわらず、その部屋の人が、引っ越し作業をしているところを、たまたま目撃したのです。

わたしは、不動産会社の担当者にすかさず連絡を入れて、不動産会社が入居者の募集をかける前に、その部屋をしっかり確保しました。

そして、今、そこに住んでいます。

毎日が、幸せです。

それでですね、その後も「実は、この部屋に住むことになっていたんだな！」というミラクルがたくさん起きたんです。

まず、カーテンです。

若干、大きめサイズでオーダーメイドをしていたのですが、そのカーテンが引っ越し先だと、「ぴったり&しっくり」だったんですね。

そのほか、カチャッカチャッとパズルがハマるように、インテリアなどいろいろなものが、「こちらの部屋用だったのでは？」という感じにハマっていったんですね。

あ……、そういえば、最初に前祝いをしたときに、三年後と設定していたのですが、この部屋に引っ越したのが、ちょうど三年後だったことがわかり、わたしは、内心、「おおおおお～～～～！！！」とテンションが爆上がりしました。

最初から、ここにくることを前祝いしていたんだ！　って。

だから、あなたが住みたい家のイメージがあるならば、ぜひ、前祝いをしちゃってください。

あなたの住まいは「あなたの味方」

「引っ越し先」に対しての前祝いの二つ目は、**「新居に対しての前祝い」**です。

こちらは、「その新居に住むことによって、どんなふうになりたいか」をイメージしながら前祝いします。

たとえば、

「友人たちを呼んで楽しくホームパーティができました！　大成功！」

「家族が増えて、楽しく和気藹々で幸せ！　おめでとう、自分！」

「この家に住んでから、仕事運が爆上がりしました。ありがとうございます！」

など、なんでもいいんです。

ホームパーティの場合などは、終わったときのお礼や感想を、ノリがよい友人とSNSでメッセージし合うのもよいでしょう。

わたしの場合は、福岡に住む友達がみんな、うちに遊びにきて、屋上でBBQをするイメージを完璧にしていました。

案の定、イメージの通りになりました。それは、まるで、**再現VTRを見ているよう**でしたよ。

あなたの人生がより豊かになるように、バンバン前祝いをしまくってください。

あなたの住まいは、あなたの味方ですからね！

ちょっと面白い「東京星図」の話

ちなみに、わたしは占星術研究家でもあり、ここで「耳寄り情報」として、ちょっと**「東京星図」の話**をしてみたいと思います。

占星術界の重鎮《じゅうちん》である松村潔先生著の『運命を導く東京星図』（ダイヤモンド社）を参考に書かせていただきます。

そもそも、占星術とは、個人のことだけでなく、国や建物、あるいは会社や組織など、何かの生まれた瞬間の「天体の配置図」を使って運勢を見ていく占術です。

そして、東京の生まれた瞬間の天体の配置図は、明治天皇が京都から江戸城に入った一八六九年五月九日の午《うま》の刻《こく》（現在の昼十二時前後の二時間を指す）としています。

ちなみに、これらの「天体の配置図」をホロスコープといいます。

皇居を中心として、十二サイン（牡羊座《おひつじ》～魚座）の区画に分けて、それに東京のホロスコープを上から貼り付けたものを「東京星図」と言います。

占星術の知識がないとちょっと難しいので、これだけの説明ではさっぱりわからない方もいるかと思います。

ですが、とにかく、これを見ると、東京のどこに行くと、どうなりやすいとか、東京のどこに住むと、こんな効果があるといったことがわかります。

つまり、**星のパワーを自分のものにしながら、人生を構築していくことができる**のです。

細かく書き出すとキリがないので、ざっくりとお知らせさせていただきます。散歩するだけでもいいので、とても使えます！

◇新しいことをはじめたい人

牡羊座エリアの、渋谷・六本木・恵比寿・目黒

◇豊かさ&才能や独自性を育てたい人

牡牛《おうし》座エリアの、霞ケ関・高輪・品川・大崎・白金台

◇新しい情報に触れて面白く生きたい人
双子座エリアの、新橋・汐留《しおどめ》・お台場

◇気心の知れた仲間や家族をつくりたい人
蟹《かに》座エリアの、築地・有楽町・銀座

◇ドラマチックに生きたい人
獅子《しし》座エリアの、東京・日本橋・木場

◇仕事に集中したい人
乙女座エリアの、大手町・浅草橋・両国

◇人との縁を広げたい人
天秤《てんびん》座エリアの、上野・浅草・秋葉原

◇スペシャリストになりたい人
蠍《さそり》座エリアの、御茶ノ水・神保町・本郷

◇グレードアップしたい人
射手座エリアの、水道橋・巣鴨・九段下

◇実力をきたえて様々なことを形にしたい人
山羊《やぎ》座エリアの、早稲田・護国寺・池袋

◇常識にとらわれず自由に生きたい人
水瓶座エリアの、中野・新橋・大久保

◇芸術または、スピリチュアルな世界で成功したい人
魚座エリアの、渋谷・原宿・千駄ヶ谷・下北沢

といった具合です。
ちなみに、わたしが住んでいる場所は、牡牛座エリアです。
わたしはいつも、独自性全開のプロダクト制作を楽しんでいますし、それらは豊かさに直結しています。

また、よく散歩するのは、牡羊座エリアです。
わたしは、次から次へと、新しいことを生み出すことが止まりません。(笑)
話せば、とても長くて細かくなってしまいますが、こういった「星のパワー」も使いながら、住まいやお散歩コースを決めていくのも、とても力強くて、もってこいの開運アクションになります。

もちろん、前祝いは、マストでね!

詳しく知りたい場合は、松村潔先生の『運命を導く東京星図』を手にとって読んでみるとよいでしょう。

6 「素敵な未来を予測してくれる人」と仲良くする

あなたのまわりに、「いいこと」をいっぱい言ってくれる占い師さんや、不思議なパワーの持ち主（霊能者さんなど）はいませんか？

もし、そういう人からメッセージをもらえるときは、録音してもいいかどうか聞いて、OKならば録音させていただき、暇なときに何回も、何回も再生して、あなた自身にインストールしてください。

夜寝る前など、うつらうつらしているときは、宇宙にオーダーが届きやすいので、特にオススメです。

ただ、ポイントが二つあります。

一つ目は、その占い師、または霊能者の人が、とっても明るくて幸せそうであること。なぜかというと、それが「素敵な次元」にアクセスできる人であるかどうかの見極めポイントだからです。

明るくて幸せそうな占い師さんの音声は、「設定の法則」のように使えます。

また、音声を聞きながら前祝いをセットで行なうことにより、素早く、現実化していきます。

ポイントの二つ目は、

「ちなみに、気をつけたほうがいいことってありますか？」

と聞かないこと。この質問って、いらないです。（笑）

なんで、そんなに、「ちょっとした困難」を欲しがるのでしょうか？　地球は「困難を体験して遊ぶ惑星」だから、仕方がないのかもしれませんが……。

「それは、うまくいく前触れです！」

さて、わたしはスピリチュアル好きですから、まわりには「類友《るいとも》の法則」が働いて、未来を予測してくれる人がたくさんいます。

ですので、友人がメッセージをくれるときは、録音させてもらうんですね。録音しそびれたときは、メモをします。メモをした場合は、それを何度も見るようにしています。

そして、「いいこと」を言われた瞬間に、前祝いをしてしまうんですね。「やった、ありがとうございます！」って。

すると、もう、夢が実現するのがいろいろ早いですから。

ちなみに、わたしは、ちょくちょく、Ｔｗｉｔｔｅｒやインスタグラム、またはＹｏｕＴｕｂｅなどで、それをたまたま目にしたみなさまに、勝手に前祝いをさせていただくことがあります。

「その問題は解決しました！　おめでとうございます！」
「これを見た人は、これから、想像を絶するくらい人生が好転していきます！　よかったですね！　わ〜い！　わ〜い！」
「それは、うまくいく前兆です！　乾杯！」

のように。

すると、この前祝いをスクショして、スマホの待ち受け画面にし、自分の中にインストールする方が続出しているんです。

これって、スマホを見る度に思い出して、前祝いをすることにつながりますから、効果テキメンなんですね。

結果的に、素敵なことがたくさん起きて、びっくりしている人が多いようです。

そろそろ、あなたも**「前祝いをして、素敵なことが叶うのは、当たり前！」**ということに気がついてきたのではないでしょうか？

ワクワクするだけで開運効果！

ちなみに「九星気学《きゅうせいきがく》」などで、「今月は北に行くと○○運が上がる！」などという、方位取りってありますよね。

あれも、実は、その方角に行くと、

「やった！　これで○○運が上がる！！！」

と、ちょっと嬉しくなりますし、実際にその方角に行くことで、自分自身に対して「設定」を入れることができるんですね。

方位取りをしてワクワクすることは、とても素敵な開運アクションになります。

でも、前祝いするだけでワクワクしてしまえば、それだけでも十分な開運効果がありますよ！

前祝いって、万能なんですね。

7 人から相談を受けたら「儀式」として前祝いを！

誰かから相談を持ちかけられたときは、最初に「儀式」として前祝いを行ないましょう！

すると、相手の波動が一瞬にして変わり、もちろん喜ばしいパラレルワールドへとシフトできます。

しかしながら、あなたからの「いきなりの前祝い」を受け入れられる人と、受け入れられない人がいるでしょう。

いきなりの前祝いを受け入れられる人であれば、その人の相談内容は、すでに解決に向かっている、というか、向かいはじめています。

これ、本当です。

それで、ですね。相手が、深刻な顔をしてとても落ち込んでいて、「いきなりの前祝いなんて、受け入れられるわけがない！」という場合は、相手を巻き込まなくとも、心の中で勝手に、こっそり、静かに、前祝いをしてあげましょう！

「大丈夫です！　わたしはあなたを信じていますから！　わたしがこう思って、うまくいかなかったことはないですよ！　だから、おめでとうございます！」

って。

お局さんにいじわるされた↓「お局プレイをエンジョイ」！

二十代の頃の話ですが、こんなことがありました。

ＯＬの友人から、「同じ部署のお局《つぼね》さんにいじめられているので、どうしたらいい？」という相談を受けたんですね。

わたしは、すかさず、

「そのお局プレイをエンジョイ！　そして……なんか楽しくなってきたら、いつの間にか解決しちゃうよ。お局さまが異動になりました！　おめでとうございます」

と、その友人に言ったんですね。

ちなみに、**困難をプレイに差し替える技は、わたしが尊敬する、みうらじゅんさんのテクニック**です。

その友人は、「そうなのかな……？」と半信半疑で、わたしの話を聞いていました。

その後も、二～三回ほど相談されたのですが、その度に、わたしは同じように前祝いのような回答をしたのです。

すると、一カ月くらい経った頃でしょうか。

友人から連絡がありました。

「お局が、まさかの異動になった!!!（笑）」

そこで、わたしは、「ほらね!」と心の中で思いつつ、「おめでとう!」とお祝いをさせていただきました。

8 「必殺！　遠隔前祝い」とは？

「どうすれば、あの人にパワーを与えることができますか？」

「子供に対して、わたしに、何かできることはありませんか？」

といった内容の質問を受けることがあります。

これはとっても簡単です。あなたの好きなときに、好きな場所で、その相手に「前祝い」をしてください。


前祝いを直接するのが、お互いに恥ずかしい場合や、相手が遠くに住んでいる場合などにも、超便利です。

その名も、**「必殺！　遠隔前祝い」**です。

相手が「すでにそうなっているところ」をイメージして、思いっきりお祝いしましょう。

「やったね！　おめでとう！　あなたもわたしも、いちいち幸せで何よりだな～♡　わ～い！　わ～い！」って。

ただし「自己犠牲」は絶対ＮＧ！

前祝いに「やり過ぎ」はありませんので、いくらでも、好きなだけ祝ってＯＫです。

ちなみに「自己犠牲」はダメですよ。

自分のことはさておき、相手ばかりお祝いしていては、あなたという神さまがイキイキしません。

ですので、誰かに前祝いする場合は、「あなたも、わたしも」といった感じで、自分もセットにするんです。

前祝いで、一石二鳥！　素敵な世界へ一緒に行っちゃってくださいませ！

では、わたしも、今から、あなたに、「遠隔前祝い」をさせていただきますね。

「あなたにも、わたしにも、いちいち『いいこと』が起きます！　おめでとうございます！」

9 望みが叶っている自分と同期する「神トーク」

ちょっとイメージワーク的な話になりますが、とても効果的ですから、お伝えいたします。

あなたの「今の望み」が、すでに叶っている自分をイメージしてみてください。

そして、その叶っている自分に対して、今の気持ちや状況をインタビューしたり、知りたいことを質問したりしてください。

さらに、その自分のアバターに入り込んで一体化し、叶っている状況にどっぷり浸って味わい尽くします。

これぞ、**神トーク**です！

これをしていると、その「望みが叶っている自分」と〝同期〟できるんですね。

深呼吸して体に情報を保存！

最後に、「同期した状態」で、存分に前祝いをします。

イメージの中で大丈夫です。

ちなみに、このワークをはじめる前と終わったあとに、大きな深呼吸をすることがポイントです。

深呼吸は、あなたの体に情報をセーブ（保存）する役割があります。

どうしたら、その希望が叶うのかを、自分以外の人に聞く人が多いですが、実は、「望みが叶い済みの自分」に聞いてしまったほうが、早いんですね。

おめでとうございます！！！

コラム2

大きな山の絵の話

箱根に、**箱根吟遊**《はこねぎんゆう》さんという、なかなか予約が取れない有名な温泉宿があります。

そこの若女将《わかおかみ》とお友達であるというご縁で、わたしが描いた絵を吟遊さんに飾ることになりました。

「どんな絵がいいですか?」

と若女将に尋ねると、一メートル×一メートルくらいの、大きな山の絵がよいとのことでした。

吟遊さんは、エントランスからの景色が最高で、大きな山々、そして森林を一望できます。

それは、まるで、バリ島のウブドに来たかのような雰囲気です。

その山の景色を見て感じたものを、絵にしてほしいとのことでした。


というわけで、わたしは箱根吟遊さんに泊まろうとしたのです。でも、ふと、

「待てよ……。一年先まで予約が取れない吟遊さんに、泊まれるのだろうか？」

と思いました。ですが、なんと……わたしが希望した日が、奇跡的に空いたんです。


導かれていますね！


わたしは箱根吟遊さんを満喫しました。

そして、吟遊さんの中にあるショップで、お土産《みやげ》や雑貨を何気なく見ていると、とても気になる石像の大仏さまが売られていたんですね。

わたしは「即買い」してしまいました。
そして、ものすごく重いので自宅まで届けてもらえることになったんです。
ちなみに、ここで大仏を買う人は、基本的にいないようでした。(笑)

山の絵を描くときに、その大仏さまがちょうどわたしの視界に入ってきて、大仏さまは、ずっと絵を描くわたしを見つめておられました。

「あ~、大仏さまは、吟遊さんのエネルギーをわたしに送ってくれているんだな~」

と思った次第です。

わたしが絵を描くときは、最初、どんなふうに描こうというものがなく、ただ感覚的に手を動かしていきます。すると、勝手に出来上がっていきます。
吟遊さんのために描いた山の絵も、最初はカラフルに描いていたのですが、どんどん色をのせていったので、最初と最後では、全く印象が異なる絵に様変わりしていきました。

まるで、季節の移り変わりのように……。

また、山は見方によって、天使に見えたり、神さまに見えたりする不思議な絵になりました。

それでですね、わたしが絵を描くときには、いつも前祝いをしています。

「この絵を見た人は、これから、想像を絶するくらい、人生が好転していきます。おめでとうございます！」と。

ちなみに、絵の題名は、
「あなたは宝の山
～誰かになろうとせず、自分になりましょう。そうすれば、自分自身が宝の山であることに気づくことができます～」
です。

この絵は、吟遊さんの山を拝《おが》める場所に飾られています。

ですので、「山を拝む山」という題名でもよかったかもしれません。（笑）

さらに言うと、若女将から「山の絵の設置が完了しました！」というＬＩＮＥが届いたとき、わたしは鹿児島県の霧島神宮《きりしまじんぐう》の境内《けいだい》にある山神社で、山の神さまに祝詞《のりと》をあげていたのです。

これは完全に山の神さまに導かれているなと感じました。

箱根吟遊さんに行かれる方は、この絵を探してみてください。

ただ、お客さまの誰かが気に入ってくださって、お嫁に行ってしまうことがあるかもしれませんが。

3章

すべてを味方につける「前祝いルーティン」

――朝起きてから寝るまでの「喜ばしい過ごし方」

1 「自己肯定感MAX」で目覚める！

この章では、一日二十四時間を「前祝いパワー」で充満させるためのあれこれを紹介していきます。

前祝いは、朝からはじまります。

あなたの「ありのままの存在」が、喜ばしく祝福されているのを感じながら起きてください。

自己肯定感をMAXにしておくことで、あなたは自分のエネルギーを無駄遣いせずに、自分に全投入できます。

そうすると、あなたの**パフォーマンスや魅力が爆上がり**していくんですね。

「今日も、生きていて、おめでとうございます！」

それで、ですね。一番いい方法は、イメージでかまわないので、**盛大に拍手をされながら起きること**なんです。

イメージするのが難しい人は、YouTubeで〝鳴りやまない拍手〟などと検索して再生してください。

「あ～、今日も、すべての存在に祝福されているな～♪」と完全に受け入れながら、

「今日も、生きていて、おめでとうございます！」

「今日も、最高に素敵な一日になりました！　ありがとうございます！」

と、自分に言って、起き上がります。
文言は覚えなくていいですからね。
ご自身で、どんどんアレンジしてください。

2 ごはん、お菓子、薬にも前祝い！

ごはんも、お菓子も、口にする前に、前祝いをしましょう。

「〇〇を食べることで、とても健康になりました！　ありがとうございます！」

これだけです。

応用編として、もっと、部分的に前祝いをしてもいいでしょう。

「〇〇を食べることで、腸の調子がよくなりました！　ありがとうございます！」

「〇〇を食べることで、免疫力が十倍ＵＰしました！　ありがとうございます！」

「〇〇を食べることで、お肌がツヤツヤになりました！　ありがとうございます！」
「〇〇を食べることで、集中力が増しました！　ありがとうございます！」

といった具合です。
いくらでも前祝いに使えますね！

また、受験生のみなさんには、

「これを食べる（飲む）と、集中力（記憶力）が増しますよ！　おめでとうございます！」

と、飴《あめ》でも饅頭《まんじゅう》でも差し上げてみてください。

ストレスと無縁になる「前祝いお味噌汁」

さて、ここで**「前祝いお味噌汁」**の話をしたいと思います。

仕事のストレスなどで、旦那さんがときたまイライラしているときがあるのですが、そんなとき、わたしはお味噌汁を工夫します。

といっても、味付けや具を工夫するのではなく、「前祝いお味噌汁」にする、という工夫です。(笑)

これは、こっそり行ないます。

味噌汁をつくるときに、

「旦那さんが、このお味噌汁を飲むことで、とてもリラックスして、優しくなりました。ありがとうございます」

と唱えて器に注ぎます。

すると、お味噌汁を飲んだあと、旦那さんはイライラから解放されて、おっとり系に変化するんですね。


これは、お味噌汁だけでなく、コーヒーやお茶を入れるときにも使えます。

ポイントは、**「温かい飲み物」**にすること。

人は、温かい飲み物を飲むと、心がホッとしますからね。

また、実際に、

「これを飲むと、性格がよくなるらしいよ！」

と、根拠のない情報を相手に与えることによって、飲んだあとに性格が円《まる》くなることもあるんです。

手を替え、品を替えて、いろいろ楽しみながらやってみてください。

ちなみに、薬を飲んでいる人は、

「この薬を飲むと、体調がよくなります。ありがとうございます！」

と、薬にも前祝いをすることができます。
ある意味、プラセボ（偽薬）効果というものも、前祝いにリンクするのかもしれません。

「魔法の飴」の話

ここで、**〝二十四時間以内に願いが叶う前祝いの飴〟**の話をしたいと思います。

「この飴を舐《な》めると二十四時間以内に、いいことがありますよ！　おめでとうございます！」

と言って、誰かに飴をあげると、「本当にいいことがあった！」と、あとから報告があったりします。

「二十四時間以内」と付け加えることが、結構ポイントです。

誰かに飴をあげるときには、「二十四時間以内前祝い」とセットにしていきましょう。
すると、それは「魔法の飴」と化します。
もちろん、自分自身に対しても、「二十四時間以内前祝い」飴を使いましょう。
きっと、面白いことが起こるでしょう。
ちょっと可愛い包み紙の飴などを用意すると、気持ちも上がります。

3 「なんとなく過ぎていった一日」が「充実の一日」に！

一日の大体のスケジュールを書き出してから前祝いをすると、不思議なほど「いい感じ」に、その日のミッションを達成しやすくなります。

わたしは、〝**神さまサロン**〟という会員制オンラインサロンを主宰しているんですね。

そこでは、毎朝、みんなと、自分のミッションをシェアし合います。

シェアすることによって、自分が決めたミッションの達成率も上がります。

今までは、やろうとしていたけれど、面倒くさくてやっていなかったことも、サクサクとこなす自分に出会えたりするんです。

一日のスケジュールを書き出して前祝いし、ミッションをクリアしたら、チェックを入れていけば〇K！

チェックを入れていくだけでも、脳はドーパミンを放出するので、毎日が楽しく、イキイキしたものになっていきます。

自己肯定感も上がっていきます。

とても健康的です。

そして、これらのミッションは、必ず守らなければいけないことでもありません。完璧主義は、自分を苦しめる原因になります。

できなかったり、やる気が起きなかったりしたら、そのミッションは飛ばしていいですし、次の日にまわしてもいいでしょう。

さらに、そのときに「このミッションは、明日にもいい感じに片づきます！」と前祝いもしてしまうと、一石二鳥になります。

このように、一日のミッションを書き出して前祝いすることにより、今までは、なんとな～く過ぎていった一日一日を、有意義に過ごせるようになるでしょう。

「起きてほしいこと」をサクッと起こすコツ

ついでに、「今日、起きてほしいこと」も書き出して前祝いしておくと、それが起きる確率が飛躍的に上がります！

わたしの例をあげますと、今日のミッションが、

□YouTubeのタロット動画撮影一本。

□執筆で第三章を一気に仕上げる↓今ちょうど、これを書いていますね。（笑）

□掃除をする。

だとします。このとき、これらを、次のように書き換えておきます。

□YouTubeのタロット動画撮影がサクサク進みました！　ありがとうございます。
□執筆で第三章を一気に仕上げることができました！　おめでとうございます。
□なんと掃除をしたら、あの問題がするっと解決しました。やった！　さすが自分！　ありがとうございます。

このような感じです。
簡単ですね！
楽しいので、軽い気持ちでやってみてください。
パフェを食べるとか、どんな小さなミッションでも大丈夫です。

4 着る服を選んだら、服にもいちいち前祝い

今日着る服にも、今日使うカバンにも、今日履いていく靴にも、前祝いしちゃいましょう。

「今日、この服を着ていくことで、用事が、とてもいい感じに進みました！　おめでとうございます！」

「今日、このカバンを使うことで、素敵な出会いがありました！　やった！　ありがとうございます！」

「今日、この靴を履いていくことで、素敵な場所に導かれました！　すごい！　おめでとうございます！」

こういった感じで、気軽に、ノリよく前祝いを楽しんでください。

この気軽さによって、あなたからまた、いい波動が出ちゃうんですよね！

たとえば、前祝いをした服を着て「いいこと」が起きると、その服はその波動をインストールします。すると、その服を着る度に、何かしら「いいこと」が起きるようになりますよ。

それを買ったら、どんな「いいこと」が起こる？

ところで、お買い物をするときには、**「それをゲットすることによって、どんないいことが起きるのか」**をイメージして、前祝いをしてしまうといいんです。

服を買うときは、その服を着てどんな人に会うのか、どんな仕事のときにその服を着ているのかを具体的にイメージして前祝いをすればいいでしょう。

経験上、本当に「そのまんまのシチュエーション」になることが多いです。

ちょっと高価なものなどは、買う瞬間くらいに、罪悪感が登場してくる人って多いかと思います。

しかしながら、そんなときこそ、「それが、あなたの元にやってくることによって、どんな素敵なことがあるのか、どんな世界を見せてくれるのか」のほうに、意識を持っていきましょう。

仕事に使うものを買うときは、それを使うことによって、さらにあなたの仕事がレベルアップしていくことを前祝いすればいいんです。

そうしたら、ちょっと高価でも、逆にテンションが上がりますし、そもそも、ショッピングすることって楽しいですし、幸せを買っているわけですしね。

「わたしに勝利が用意されています」

先日、こんなことがありました。

某ブランドショップに、大判のストールを買いに行ったんですね。

いろんな絵柄があったのですが、大きなオルガンの絵と、たくさんのトロフィーの絵の二択に絞り、最終的にトロフィーに決めました。

それは、二〇二〇年に東京でオリンピックが開催される予定だったことから、様々なスポーツの「勝利の象徴」であるトロフィーがずらりと並んでいる絵でした。

なぜ、これに決めたかというと、**トロフィーの絵柄のストールを巻くことによって、「わたしは勝利の道へ導かれる!」という不思議な確信**が降りてきたからです。

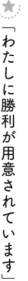

わたしは、すかさず、

「わたしに勝利が用意されています。ありがとうございます」

と、前祝いをストールにしました。
勝利のストールです。
ワクワクしちゃうでしょ！

あっ、もう一つ、細いストールもゲットしました。
そちらは、いろんなお菓子の絵柄です。
「幸せ」としか言いようがないストールです。

もう、「いいこと」しか起こりません！（笑）

5 「感情が揺れた」ときこそ、すかさず前祝い

この世に偶然はありません。

あなたは、いつも最高のタイミングで必要な人、モノ、状況と出会い、最高のタイミングで必要なことを体験するようになっています。

ですから、目の前の出来事に一喜一憂する必要はないんですね。


逆に言うと、何かマイナスなことに感情がとらわれそうになったら、すかさず前祝いしてしまうといいでしょう。

すべてを前祝いにつなげて、願望成就のキッカケにしてしまえば、もはや「いいこと」しか起きませんよね。

たとえば、こんな具合です。

お金や仕事で、嫌な経験をしてしまったら……。

「この経験が、今の十倍、豊かになるキッカケになりました！　逆に、ありがとうございます」

誰かに振られてしまったら……。

「この別れがあったからこそ、素晴らしいパートナーに出会うことにつながりました！　ありがとうございます」

というわけで、あなたに何があっても、いちいち、おめでとうございます！

あなたの存在価値は常に最強

ちなみに、何が起きても、どんなことがあっても、その出来事と、あなたの存在価値は関係ありません。

あなたの存在価値は、常に最強ですし、とにかくびっくりするくらい、すごいのです。

仕事でミスをしても、テストの点数が悪くても、面接で落ちても、商売が不調でも、集客できなくても、あの人からSNSの返信が来なくても、相手に嫌な顔をされても、変なことを言われても、誰かに八つ当たりをされても、誰かにマウンティングされても、誰かに断られても、誰かに振られても……etc.

自己否定しそうになったときは、この言葉を唱えるといいでしょう。

「この問題と、わたしの存在価値は、全く関係ありません」

出来事と、自分自身を切り離すことで、自分で自分をいじめることはしなくなります。

さて、前祝いのいいところは、前祝いをすることによって、何かにとらわれていた状況から、「今ここ」に戻ってくることができるということです。

「今ここ」は、波動がとてもニュートラルですし、さらに、前祝いモードを堪能すれば、楽しくて、落ち着いて、リラックスしていきます。

この状態は、最も願いが叶いやすい状態であり、実際は、何の心配もいらないことに気がつきます。

「今ここ」に戻る、つまり自分に戻れば、本当の自分とズレていないということですから、自分の外側で起きていることは、自然と整理整頓されていくのです。

つまり、「解決する」ということ。

ところで、わたしの話をしますと、先日、たくさんの「宇宙からの時間調整」がありました。

しかし、常に、「今ここ」状態で過ごしていたので、すべてがうまくいきました。

どんなことがあったかというと、先日、家を出るときにタクシーを呼んだら、そのタクシーは違う人を乗せていて、すでに出発しはじめていたんですね。

そのときに、

「あれ!?　あのタクシーはわたしが予約した車のような……!?」

とは思ったものの、「今ここ」を心地よく過ごしていました。

すると、そのタクシーは、しばらくしたらバックをしてきたんです。

間違って、ちょうど現われた人を乗せてしまったとのことでした。

そして、その日は徳島のホテルに泊まったのですが、受付の人は何かの手違いで、わたしが泊まる予定の部屋ではない部屋に、チェックインの手続きをしてしまったんですね。

その件は、途中でわたしのほうで気がついて、大丈夫だったのですが……。

さらに、部屋に行くと鍵が開かなかったんです。

しかし、そんなときでもわたしは、「なんとかなるやろ～♪」モードでいました。

すると、旅館の案内の方が、「鍵の調子がよくないので、隣の部屋も使ってください」と言って、隣の部屋に通してくれたのです。

ちなみに、わたしが泊まる部屋と隣の部屋には「開かずの扉」があって、普段は鍵がかけられているのですが、その日は開けてもらうことができ、予約していた部屋と、隣の部屋の両方を使うことができたんですね。

広すぎますね。(笑)

すべては解決しました。
さらに、グレードアップもしました。
ありがとうございます。

意識をどこに向けているかで、その後の展開が決まってきます。
すべては、自分が創造する世界なんですね。

6

「寝る直前祝い」で不思議なことが次々起きる！

寝る前の前祝いは、とっても大事です。

「いちいち前祝いをするのは、ちょっと面倒！」という人は、この**「寝る直前祝い」**をやるだけでも効果絶大です。

なぜかというと、**寝る前から起きるまでの間、前祝い波動が出っ放し**になるからです。

これ、すごいことですよね。

そして、とっても簡単です。

それでは、説明していきます。

お布団に入って目を閉じたら、あなたの希望が叶っているイメージを脳内に繰り広げてください。

そして、「おめでとうございます！　ありがとうございます！」という気持ちがあふれてきて、喜ばしい空気感に包まれているところを全身で感じてください。

朝と同様、ＹｏｕＴｕｂｅなどで〝鳴りやまない拍手〟を聴きながらでもいいですね。

そして……そのイメージを存分に堪能してください。

「あなたは、まわりのみんなに、どんなことを話していますか？」
「あなたや、まわりのみんなは、どんな表情をしていますか？」
「みんなは、あなたに対して、どんな言葉をかけていますか？」

イメージの中でみんなと会話をしてください。

これに浸り続けながら、そのまま眠りにつきます。

ときたま、イメージの中のまわりのみんなが、「アンコールっ！　アンコールっ！」と、あなたを眠りから呼び戻すことも、あるかもしれません。

それほど、あなたは、みんなに求められ、愛されているんですね。

「深い呼吸＋瞑想」で思考もクリアに！

この「寝る直前祝い」をするときは、呼吸も大事です。

「ゆ〜っくり深呼吸をしながら」というのがポイントです。

鼻から、ゆ〜っくり吸って、空気を脳内の端《はし》っこまで、送り込みます。

そして、鼻から、ゆ〜っくり、空気を吐いていきます。

鼻が詰まっていれば、口呼吸でもいいでしょう。

ポイントは、空気の流れを体で感じていくことです。

さて、この呼吸をしていると、瞑想状態になりますので、思考がクリアになっていきます。

目の前のことに振り回されない自分をつくり出すとともに、いい波動が出るので、いつの間にか素敵な引き寄せをも、できるようになっていきます。

この呼吸法は、寝る直前でなくとも、時間があるときに、いつでも、どこでも、やってみてください。

わたしは、まつげエクステをつけてもらっている最中にも、この呼吸法をして、即座に心地よい世界へトリップしています。

「イメージしたこと」がそのまま再生される不思議

そして、話を元に戻しますと、この**「寝る直前祝い」を習慣にしていくと、不思議なことが起こりはじめる**のです。

浸り切ったイメージそのものが、後にそのまま再生されることも、あるのです。

イメージの中で、ある人から言われたセリフを、現実でもそのまま、その人から言われることもあります。

セリフが事前に、わかっちゃうって、すごいですよね。

こうしたことを体験していくと、**自分自身が、自分の世界の創造主であること**が、揺るぎなく感じられていきます。

自分が自分の世界の創造主であるということは、自分で、自分の未来をどんどん開拓できてしまうということですね。

おめでとうございます！

7 願望実現のヒントをゲットする「神トーク」

ここからは、応用編です。

「寝る直前祝い」をやっている状態で、そのイメージの中でいろいろ、質問をしていきましょう。あなたがイメージしている対象に関する質問であれば、どんな質問でもかまいません。

質問をすると、イメージの映像が切り替わったり、新たなイメージが降りてきたり、数字が見えたり、誰かの顔が出てきたり、見たことのない場所が出てきたります。

イメージや感覚で情報を送るほうが、神さまも一番伝えやすいですし、あなたも受け取りやすいからでしょう。

よく、「言葉ではっきりと聞こえてくると、嬉しい」という人がいます。

しかしながら、生きている人間同士でさえも、言葉というものは、微妙にニュアンスが違って伝わってしまったり、情報が限定されて伝わったりします。だから、「イメージすること」をうまく活用することで、神さまからのメッセージや未来のビジョンを、よりうまく受け取れるようにするのです。

★「本当のあなた」は宇宙の根源

ちなみに、ここでの**神さまとは、**潜在意識や、宇宙意識、生まれる前のあなたなど、言い方は様々ですが、**「本当のあなた」**のことです。

「本当のあなた」は、宇宙の根源であり、なんでもできるし、なんでも知っている存在なんです。

それを忘れて、「わたしには、○○ができない！」という〝地球ゲーム〟を楽しんでいるのが、わたしたちの生きている世界なんです。

でも、ヒントをもらいながら「できないこと」を攻略していったほうが、なんか楽しいですよね！


ヒントをゲットできて、おめでとうございます！

8 「計り知れない自分」を祝い、快進撃に突入！

さあ、日々のルーティンとして前祝いを行なうだけでなく、週ごと、月ごと、年ごとに、やたらと前祝いをしていきましょう。

通常、前祝いは、やっている人が少ないので、ここまでするあなたは、嫌でも、**快進撃に突入**していきます。

さあ、そのやり方は、これまた簡単です！

週の初め、月の初め、年の初めに、その週、月、年で達成したいことの前祝い

をするのです。

あなたの希望は、すでに叶っています。

あなたがこれから成し遂げようとしていることは、すでに達成しています。

あなたが「あの人みたいになりたい！」と思っているならば、すでにあなたは、あの人以上の魅力を放っているのです。

すごいですね！

あなたは、計り知れませんね！

本当に、おめでとうございます！

では、その週、その月、その年に「達成したいこと」を書いて、いちいち前祝いをしていきましょう。

・

・・・・・・・

はい、おめでとうございます。

すごい勢いで達成していますね。

やっぱり、あなたは、すごい！　天才！　最高！

と、わたしがまとめて前祝いをさせていただきたいところですが……。

あなた自身で、これら一つひとつに、前祝いをしていきましょう。

コラム3

体は未来を知っている

急に何かをしたくなって、いてもたってもいられなくなるときは、わたしはそれをするようにしています。

どこかに行きたくてしょうがなくなった場合は、すぐに行きますし、どうしても食べたいものが出てきたら、食べにいきます。

なぜなら、**体のほうが未来を知っている**からです。

体は、動物本来の「未来予知機能」を持っていると言いましょうか。

基本的に、楽しいことが起こる予兆としては、体の奥のほうがゾクゾクとします。

逆に、体が動きにくかったり、体にどこか具合の悪いところがあったりするときは、「今はGOのタイミングではない」ことがわかります。

わたしの場合ですと、服をたくさん買いたくなるときが、たまに訪れます。

普段は、そこまでいろいろ買い物をすることもありませんし、物質的な欲求は少ないほうなんですね。

しかしながら、何かのスイッチが入ったかのように、服が欲しくなって、お店に出向くときがあります。

そんなときは、「あっ、撮影の仕事が増える前兆だな！」とわかるんです。

しばらくすると、カメラマンと移動する旅の仕事や、撮影中心の仕事が増えます。

そもそも、**「気になる！」という時点で、「素敵な未来につながるお知らせ」がてんこ盛り**なんですね。

自分の人生の検索《けんさく》に引っかからないものは、気にならないですから。

特に**神社仏閣、あるいは聖地などのパワースポットは、行きたくてしょうがない衝動が出てきたときが、その場所に呼ばれている印**ですので、行くのに一番いいタイミングなんですね。

それでですね、そこに行く途中なども、不思議とヒントに満ちていたりします。わたしは、神社に行くときには、その日のスタートから、家に帰ってくるまでに体験する一連の出来事を「神さまからのメッセージ」として受け取るようにしています。この出来事・経験には、どんな学びや気づきがあるんだろうって。するといろんな物事を通して、何かしらのヒントが与えられるんです。

あとですね。

今住んでいる場所も、数年前に、ものすごく引っ越したくなって、やってきたんですね。

わたしは、画家もしているので、画材屋さんや、オーダーメイドのヴィンテージっぽい額縁を制作してくれるお店などが近いと、とても嬉しいんですね。

そして、引っ越してからすべて気づくのですが、そうしたお店がすべて今住んでいる場所から徒歩で行ける距離にありました。

また、王様文庫の「神さまシリーズ」がはじまるちょっと前に、わたしは今の場所に引っ越してきたのですが、なんと担当編集者さんが、すごく近所に住んでいました。

さらに、普段はあまり道では、その編集者さんと出くわさないのにもかかわらず、そろそろ次の王様文庫の本が動き出す寸前くらいに、ものすごい頻度《ひんど》で遭遇しはじめるんですね。（笑）

やはり、未来はすでに用意されていたようです。

まとめますと、体の声に耳をかたむけることで、未来を先に知ることができたり、様々なお導きやヒントを獲得したりすることができるのです。

すべては、絶妙なタイミングで。

4章

「面白がる天才」になって幸運万来！

——「前祝いマスター」になる方法

1 コツは「神さまと同じ波動」を出すこと！

この章では、あなたが**「前祝いマスター」**になるための方法をお伝えしていきます。

そのためにはまず、**自分に前祝いをしまくる**といいでしょう。

「あなたは何でもできる神さまである」ということを、思い出させるためです！

そして、「神さまとしての自分に気づく」ということは、別の言い方で言えば、**「本当の自分として生きる」**、そして**「宇宙とつながりながら生きる」**とも言えます。同じことです。

素敵な形で「前祝い」をして、あなたがあなたらしくイキイキしていれば、仕事、お金、恋愛、人間関係、体調など、様々なことの流れ、タイミングが不思議とよくなっていくのですね。

また、困っていた問題が解決したり、面白いアイディアが降りてきたり、素敵なご縁が広がったり、嬉しいお誘いがあったり、欲しかったものが向こうからやってきたりします。

あなたがあなたでいればいるほど、あなたの存在が喜ばれていくんです。

そんな「神」である自分の道から外れないためにも、**神事《しんじ》である前祝い**って素晴らしいことなんですね。

だって、前祝いをしていると、嬉しくって、楽しくって、幸せになるでしょ！

「楽しくって、幸せ」なときに出ている波動って、神さまと同じ波動なんですね。

そうです、**楽しい気分で前祝いすることこそ、まさに「神さまと前祝い！」**なんですね。

何があっても、いい方向にしか見えない「前祝いメガネ」

さあ、感謝の心を忘れずに、そして顔はもちろん笑顔で（笑顔でいると幸運が三十倍に増えます！）。

あなたは、あなたを最大限に信じてください。

前祝いを習慣にしたあなたが歩く道には、あなたの花が満開に咲いていくでしょう！

すごいですね！　おめでとうございます！

というわけで、あなた自身をとにかく褒めまくって、そして、とにかく感謝し、前祝いをしてください。

そうすると、あなたは**「前祝いメガネ」を装着**することになります（もちろん、実際には、そのメガネは見えませんが！）。

これ、**何があっても、「いい方向にことが運ぶ」**ようにしか見えないメガネなんです！

いいメガネでしょ！

ちなみに、あなたは今まで、どんなメガネをかけていましたか？

この際、「前祝いメガネ」にかけ替えてしまいましょう。

そうしたら、これからは、きっと素敵な人生になってしまいますから。

前祝いの例文をいくつか用意しましたので、気に入ったもの、使いやすいものをセレクトして、時間があるときに、「神さまと前祝い」をしていきましょう。

□わたしはなんでもうまくいきますし、思い通りです！　ありがとうございます！

□どんなことがあっても、すべてはよき方向に進んでいます！　ありがとうございます！
□わたしは、最強に幸運の持ち主です。いちいちツイてるんです！　ありがとうございます！
□わたしは、宇宙であり、神であり、すべてが自由自在な存在です！　ありがとうございます！
□わたしは、とても魅力的で人気があり、みんなに愛されています！　ありがとうございます！
□わたしは、才能が豊かで、めちゃくちゃ天才です！　とにかく、自分でもびっくりするくらい、すごい存在です！　ありがとうございます！
□わたしが歩く道には、素敵なお花がたくさん咲き、花道ができてしまいます！　つまり、みんなを幸せにしてしまう存在なんですね！　ありがとうございます！

恥ずかしがっている場合ではありません。
堂々と前祝いをしてくださいね。

それでは、次から、「カテゴリ別の前祝い」をご紹介していきますね。

2 願望成就が加速する「仕事の前祝い」

わたしは、ＹｏｕＴｕｂｅでよく「タロット占い」をしているんですね。

それで、ですね。「仕事がこれからどうなるか!?」という占いをすると、いつもより視聴率がよかったりします。

それだけ、みなさん、自分の仕事について、「これから、どうなっていくのか?」が気になるようです。

たしかに、占いは、ヒントにはなります。しかしながら、**未来を創造していく**

パワーは、あなたにあるのです。

大切なのは、**いつでも自分が主導権を持っていて、未来は自分で選べる**と思い出すことです。

というわけで、「仕事の前祝い」をマスターしていきましょう。

声に出して読むだけでも、前祝いになりますよ！

【就職が決まる前祝い】

「○○会社に就職できました！　ありがとうございます！」

自分が入りたい会社、チャレンジしたい業界で働いているところを完全にイメージして、なんの疑いもなく、楽しんで前祝いをしてください。

「すでに気持ちは、その社会の人！」

という状態になることがポイントです。

【やりたい仕事の依頼がくる前祝い】

「○○の仕事をすることになりました！　ありがとうございます！」

これは、どんな仕事をしたいのかを、明確にイメージしておくことが大事になります。

わたしは、よく「こんなこと、仕事でしてみたい！」と思うことがあると、そのことに関する画像を検索して、それをプリントアウトしたり、スマホの中に画像を保存したりしています。「すでに、それをしている」イメージングは欠かしません。

しばらくやり続けると、インストールが完了したのか……そんなに頻繁《ひんぱん》には見なくなります。

ですが、忘れた頃に見返すと、全部叶っていることが多いのです。

わたしの場合は、仕事が大好きで、人生の中で仕事の優先順位が一番高いので、この技を使っています。

もちろん、仕事以外でも、この方法はオススメです。

あなたの好きな画像を集めて、自分の中にインストールしていってください。

もちろん、前祝いだけでもよいのですが、インストールをセットですれば、願望成就は加速します。


以下、仕事に使える前祝い例文です。

ご活用ください。

もちろん、ご自身でつくっていただいて大丈夫です。

□企画が通りました！　ありがとうございます。
□打ち合わせがスムーズに進みました！　ありがとうございます。
□仕事を集中して一気に進めることができました！　ありがとうございます。
□無事、起業することができました！　ありがとうございます。

□素敵な商品ができ、すごく売れました！　ありがとうございます。
□やりたい仕事が向こうからやってきました。ありがとうございます。
□納期が間に合いました！　ありがとうございます。
□売り上げが○倍になりました！　ありがとうございます。

3 ざくざく豊かになる「お金の前祝い」

お金のことって、変な罪悪感や、遠慮する気持ちが出てきてしまうことが多いんですね。

それは、あなたが、自分よりもお金のほうを上位に置いているからです。

あなたに「お金を受け入れる準備」が整うと、お金は、あなたの元にやってくるようになるんです。

たくさんのお金を受け入れることを、**完全に許可**してくださいね。

これがとても大事になってきます。

それでは、「お金の前祝い」マスターになっていきましょう。

【支払ったお金が何倍にもなる前祝い】

「このお金は〇〇倍になって、わたしの元に戻ってきます！　ありがとうございます！」

これは、声を出して言える環境でなければ、心の中で言ってくださいね！

お金は、「支払ってしまうと、なくなるもの」ではありません。
お金はエネルギーですので、ぐるぐると世の中を回っていきます。
ですので、**楽しく出したら、またまた、楽しく巡《めぐ》ってくる**んですね。
出すときの波動がとっても大切ですから、前祝いで、嬉しい感じに浸りながら、
喜ばしくお金を出していきましょう。
とっても簡単ですね！

【欲しいものをゲットできるお金がやってくる前祝い】

「〇〇を余裕でゲットできるお金が入ってきました！　ありがとうございます！」

欲しいものがある人は、それがどんなものであれ、お金に意識を向けるのではなく、「その対象をすでに手に入れている状況」のほうに焦点を合わせてください。

だって、そこがお祝いをするゴールですよね！

カーナビも「ゴール設定」が大事ですが、「すでに手に入れた状況」をゴールにしたほうが、早く欲しいものをゲットできるというわけです。

おめでとうございます。

【お財布にお金が集まってくる前祝い】

「このお財布を使うことで、ますます豊かになっていきます！　あり

がとうございます！」

この前祝いは、お財布を新調するときでもいいですし、今、使っているお財布に行なっても大丈夫です。

あなたは、ますます豊かになっていきますね！　おめでとうございます。

【貸したお金が返ってくる前祝い】

「〇〇さんが豊かになって、貸したお金が返ってきました。そして、〇〇さんもわたしも、ますます豊かになりました！　ありがとうございます！」

前祝いに、人が絡《から》んでくる場合は、その人の幸せをも前祝いするのがポイントです。そして、お金を貸している場合は、その人が豊かになってしまえば、返ってきますね。

以下、お金に使える前祝い例文です。ご活用ください。
もちろん、ご自身でつくっていただいて大丈夫です。

□借金を完済して、ますます豊かになっていきます！　ありがとうございます。
□収入が○○倍アップしました！　ありがとうございます。
□臨時収入が入ってきて、やたらと豊かです！　ありがとうございます。
□お金は楽しく簡単に生み出すことができますし、無限に増えていきます！　ありがとうございます。
□油断するとお金って増えてしまうんです。いちいち感謝します。ありがとうございます。
□欲しいものができると、わたしの元に、その金額が自動的にやってくるんです。いつもありがとうございます。

4 どんどんよき展開になる「恋愛・結婚の前祝い」

恋愛であれば、出会いがない、理想の人が見つからない、あの人の気持ちがわからない……。

結婚であれば、○○歳までには結婚したいのに、いい人がいなくて焦《あせ》る、離婚したいができない……。

恋愛・結婚というテーマになると、どうしてもマイナスな方向に意識を持っていきがちな人が多いようです。

前祝いは、この意識を「完全に叶った状態！」つまり、ゴールに持っていってお祝いをするので、あなたが今、うつうつとしたパラレルワールドにいたとしても、どんどん望ましいパラレルワールドへとシフトしていくことができるでしょう。

【素敵な人に出会う前祝い】

「素敵な人に出会って、素敵な恋愛がはじまりました！　ありがとうございます！」

これは、よりリアルにイメージするために、その相手の雰囲気や、出会うシチュエーション、デートしている風景などをリアルにイメージしていくと、さらによいでしょう。

条件やルックスなどは、細か過ぎなくていいですよ！　なんとなくの雰囲気がイメージできれば大丈夫です。

後ろ姿からイメージしても、いいかもしれませんね。

以下、恋愛・結婚に使える前祝い例文です。ご活用ください。
もちろん、ご自身でつくっていただいて大丈夫です。

□わたしは、本当に、すごくモテるんです！　いつもありがとうございます。
□わたしは、ものすごく魅力的なので、みんなを虜《とりこ》にしてしまいます！　ありがとうございます。
□○○さんとお付き合いすることになりました。本当に幸せです！　ありがとうございます。
□○○さんから、好きだと告白されました！　すごく嬉しい！　ありがとうございます。
□復縁したい彼から連絡があって、またお付き合いすることになりました！　ありがとうございます。

□私たちは、結婚することになりました。みなさん、本当にありがとうございます。

□あっさり離婚することができました。そして、お互いがそれぞれ、さらに幸せになりました。本当にありがとうございます。

□○○さんが、とても優しくて、いい人になりました。なので、私たちは今とても幸せです。ありがとうございます。

わたしは、ものすごく
モテるんです。
ありがとうございます。

5 相手も自分もますます幸せになる「人間関係の前祝い」

先ほども少し書きましたが、人との関係性の前祝いをするときには、相手の幸せをも前祝いすることで、最高の未来を創造していくことができるんですね。

あまり好きではない人に悩まされていると、ついつい、その人の悪口を言ってしまう人は多いもの。

前祝いは、その逆を仕込んでいきます。

だって、あの人が幸せになったら、あの人は、あなたを含め、まわりに対して、嫌なこと、つまり、エネルギーを奪うことはしなくなるんですね。

『人を動かす』（創元社）の著者として有名なデール・カーネギーもびっくり！

前祝いでも人は動かせます！

ただ、そのポイントが、「相手の幸せを願いながら」前祝いすることなんです。

さて、ここで「人間関係の前祝いマスター」になっていきましょう。

人間関係に使える前祝い例文です。

ぜひ、ご活用ください。

もちろん、ご自身でつくっていただいて大丈夫です。

□わたしは、いつも、みんなに心から歓迎される存在です。ありがとうございます。

□わたしのまわりには、素敵な仲間がいっぱいいます！　ありがとうございます。

□○○さんと仲良くなることができました！　ありがとうございます。

□〇〇さんが、ものすごく優しくて、いい人になりました！　わたしも、〇〇さんも、とっても幸せです。ありがとうございます。

□〇〇さんが、あんなに嫌がっていたことを、自らするようになりました！　しかも、とっても幸せそうで、イキイキしています。ありがとうございます。

□〇〇さんとの縁がきれいに切れて、お互いにより幸せになりました！　ありがとうございます。

□〇〇さんから連絡が来ました！　ありがとうございます。

6 理想の体をつくる「健康・美容・ダイエットの前祝い」

健康も、ダイエットも、自分の「ダメな部分」に意識の焦点を合わせやすいものです。「なんで、こんなに太っているの？」とか、「コレステロールの数値がやばい！」とか。

そして、変に健康志向になって、サプリメントをたくさん飲んでいたりしませんか？

あなたは、どちらに意識を向けているでしょうか？

ゴールのほうを意識してワクワクしていますか？

それとも、不安のほうを意識して、贅肉《ぜいにく》をつまんでは溜息《ためいき》をついたりしていませんか?

そんなときは「意識を向けていることを体験していくのが、この世界である」という法則を、いちいち思い出して、自分の素敵な面に意識の焦点を向けていきましょう。

あなたが、もしも今、うつうつとしたパラレルワールドにいるのならば、前祝いによって、どんどん望ましいパラレルワールドへシフトしていくことができるでしょう。

次に紹介するのは、健康・美容・ダイエットに使える前祝い例文です。ご活用ください。

もちろん、ご自身でつくっていただいて大丈夫です。

□病気がすっかり完治して、健康そのものです! ありがとうございます。
□手術が成功して、とても健康になりました! 本当にありがとうございます。

□わたしの免疫力は最強です！　ありがとうございます。
□食べても太らない体質になりました！　ありがとうございます。
□わたしの体脂肪は、日々燃焼し続けています！　ありがとうございます。
□スリムで健康的になりました！　ありがとうございます。
□○○さんがとっても健康になりました！　おめでとうございます。
□わたしは、本当に、いちいちきれいで可愛くて素敵です！　ありがとうございます。
□わたしの笑顔は、人の心をトキメかせることができます。ありがとうございます。

7 「邪気払いの前祝い」と「守護霊さまと前祝い」

「なんだか体が重いな……。これ……生き霊《りょう》かな？」

そんなふうに思ってしまった体験はありませんか？

その人のことを考えるだけで、ズド～ンと重くなる感じがするとか。

そんなときは、細かいことを考えるのはやめて、前祝いでまるごと除霊してしまいましょう。

「除霊前祝い」には、二つのポイントがあります。

一つ目は、思いっきり楽しく前祝いすること。**浮遊霊も、生き霊も、おめでたい波動の場には存在できない**からです。

二つ目は、浮遊霊も、生き霊も幸せになる前祝いをするということです。霊が幸せになってしまえば、わざわざ、あなたのところにやってきて、エネルギーをチューチュー吸ったり、変な念を送ってきたりすることはなくなります。

というわけで、次の前祝いの文言を参考にしてみてください。

□浮遊霊が、いろんな気持ちを浄化し、愛と光に戻ることができ、いつまでも幸せになりました。おめでとうございます。
□生き霊が、いろんな気持ちを浄化し、愛と光に包まれて、元の場所に戻ることができました。おめでとうございます。

さらに、一斉にジョキジョキ、いつでも、どこでも、さっぱり祓《はら》ってしまう前祝いはこちらです。

こちらも、とっても使えます。

□わたしに巻きついていた、すべての余分なコードが完全に除去されました。あ〜、スッキリ！　軽くなった〜！！！　ありがとうございます！

ちなみにですね、守護霊は、自分が守っている存在から感謝されるのを、とても喜びますし、あなたをさらによき方向へ導こうと、張り切ってくれます。（笑）ですので、守護霊にも感謝して、一緒に前祝いをしちゃいましょう。

□守護霊さま、いつもお守りいただき、ありがとうございます。

8 執着がどんどん外れていく！「許しの前祝い」

あなたは、誰かを、あるいは、自分自身のことで……「許せていないこと」は、ありませんか？

人には、「その人なりの事情」があるものです。あなたが許せない人は、育ってきた環境のこともあって、「不器用な生き方」しかできないのかもしれません。

あとですね、「親を許せない！」という人が結構いるので、親との関係を考えるときの、いくつかのポイントを書いておきますね。

□あなたを育てていた頃の親は、今のあなたより年下です。子供の頃は、親が絶対的な存在に見えますが、そうでもありません。彼らは、我々と同じく未熟な人間です。そこに上下はありません。

□親は、子供を育てているようで、親も子供に育てられています。

□親は、子供よりも古い価値観、つまり昔の地球ゲームのルールで生きています。ですので、人生の攻略方法をやたらと教えてくれようとしますが、参考程度に聞いておけば大丈夫です。

□この世界に、完璧な人間は一人もいません。なぜなら、我々は、地球で「完璧でないことを楽しむゲーム」をしているからです。

ちなみに、価値観は一人ひとり違いますし、ケチな人もケチになるいきさつがありますし、どんな犯罪者でも「自分が正しい」と思っていたりするんです。

また、『鬼滅《きめつ》の刃《やいば》』の悪役の鬼「上弦《じょうげん》」たちも、鬼になる前には、そうならざるを得ない、悲しくもすさまじい人間ドラマを経験していたりします。

というわけで……。
そろそろ、あの人を許してあげてはいかがでしょうか？
もちろん、あなた自身のこともです。
あのときのあなたは、そうすることが精一杯だったんです。
すべてを許して、抱きしめてあげませんか？

「許せない人・こと」に自分を縛りつけるのはやめよう

許せていない何かがあるとは、そこに自分を縛《しば》りつけていることになるんですね。

言い方を換えると、嫌いであっても、好きであっても、それに**執着**しているわけです。

どんどん波動を軽くして、素敵なパラレルワールドにシフトしていくには、これが結構ネックだったりするんですね。

逆に言うと、その執着さえ完全に手放してしまえば、あなた自身も、あの人も、環境も、みんな幸せになる世界にシフトしていくことが可能なんです。

執着って、人や過去の自分のことをずっと考えて、**相手ではなく、自分をその牢獄《ろうごく》に閉じ込めている**ことになるんです。

そして、そこから、いつまで経っても出てこない……。

これって、天の岩戸に閉じこもったアマテラスオオミカミのようです。

アマテラスを天の岩戸から出すために、知恵の神や八百万《やおよろず》の神々の会議の結果、エンタメの神さまである、アメノウズメノミコトが広場で裸踊りをすることになったのは有名な話ですね。

アメノウズメが楽しそうに裸で踊り、八百万の神々もとても楽しそうにどんちゃん騒ぎをしているのを、どうしてもチラ見したくなったアマテラスが、天の岩戸からちょこっと覗《のぞ》いた途端に、岩を放り投げられてしまったというアレです！

そして、アマテラスが出てきたので、世の中は、パッと明るくなりました！！！（『古事記』に関しては『神さまの家庭訪問』（三笠書房《王様文庫》）をご参照ください）

この**天の岩戸でのどんちゃん騒ぎって、そもそも、前祝い**ですよね！

前祝いすることで、みんなが楽しくなり、すべてが解決に向かっていきます。

すべてを許すと、愛と光が生まれます。

そして、愛と光に勝るものはありません。

というわけで、すべてを許すことは、最強の前祝いなんですね。

さあ、許せていない何かがあったら、前祝いをして、あなたを牢獄から解放してあげてください。

「わたしは、〇〇を許すことができ、愛と光になりました。そして、とっても自由な世界を知ることができました。本当にありがとうございます」

眩《まぶ》しいですね！

おめでとうございます。

コラム 4
ふと思ったことは、向こうからやってくる

わたしは、デザインするのが好きなので、自身のオンラインショップである「キャメアートショップ」で、いろいろな商品を開発して販売しているんですね。主に、絵がメインではありますが、ジュエリーやバッグ、ポーチ、お財布、雑貨、そして、ファブリック類なども、どんどん増えていきます。

そして、ここでは「びっくりするくらい、ちょうどいいタイミングで、素敵な業者さんと出会える」という話をしたいと思います。

商品を制作するには、まず、わたしの「こんなものがつくりたい！」という商品を形にしてくれる業者さんに出会わないと、何もはじまりません。

そして、それに関しては、「向こうからやってくる」ことが多いんです。

あるとき、ふと、「バッグをつくりたいな」って思ったんですね。
すると、数日後に、バッグの業者さんから連絡が来ました。

マスクをつくりたいなと思ったときも、数日後に、「マスクをつくりませんか？」とお声がかかりました。

「パペット（指人形）をつくりたいな」と思ったら、数日後に、パペットをつくれる人とつながったんです。

「ふと思う」ということは、その時点で、宇宙検索が開始されるので、自分に必要な情報や人がピックアップされていくのだと思います。

しかしながら、脳は機能がＰＣやスマホと同じなので、脳の中で余分なファイルをたくさん開きすぎていたら、アクセスするのに時間がかかります。

脳のファイルが使う分だけ開いている程度であれば、アクセス時間は短くなるでしょう。

つまり、**目の前のことに一喜一憂せず、シンプルに脳を使っていけば、現実の展開がマッハになっていく**というわけです。

ちなみに、わたしは、この間、脳波を計測してきました。

頭部に線をいっぱい取り付けて、目に刺激を送り、脳がどのように反応するかを計測します。

すると、面白い結果が出たんです。

「寝てる!?」みたいなデータだったんですね。

普通ならば、脳波は、心電図と同じではないものの、ある程度、波が表示されるのです。

しかし、わたしの脳波は、ただの棒線で、ファ～♪となっていて、「油断すると休憩しちゃう」感じだったんです。

脳の節電機能……自動瞑想機能といったところでしょうか。（笑）

特に最近は、余計なことにとらわれずに、無《む》になっているようで、本当の自分、つまり、宇宙クラウドに交信し、必要なときに、必要な情報が降りてくる気がしています。

これも、あれも、それも、前祝いのおかげですね！

いちいち、ありがとうございます。

5章

ほとばしる歓喜！
もう「幸せ」にしかならない

——すべては自分で創造できるのです！

1

「わたしの趣味は、前祝いです」

ここまで読み進めていただいているあなたは、すでに「前祝いの達人」になりつつあります。

これから、**あなたの趣味を書く欄には、〝前祝い〟と記入**することをぜひオススメいたします。

すると、それを見た人から、こう聞かれるでしょう。

「前祝いって何？」と。

そうしたら、チャンスです。

あなたは、すかさず、その質問をしてきた相手の希望や叶えたいことを聞き出して、前祝いをするんです。

そして、最後に、

「これが、前祝いです」

と言いましょう。

相手と仲良くなれますし、相手の希望は叶う方向にシフトしますし、何より、あなたから出た波動は素晴らしいので、「いいこと」しか起こりません。

おめでとうございます！


ちなみに、わたしも、「趣味、前祝い」です。

あなたと一緒ですね。

あなたも、わたしも、これからの口グセは、これでいきましょう。

「あなたの願いを叶えます！」

2

「前祝いパンデミック」を起こす！

大阪の枚岡《ひらおか》神社では、毎年十二月に、通称「お笑い神事」があります。

これは、感謝と祈りの笑いによって、よき年をお迎えするというものです。

ＹｏｕＴｕｂｅなどで神事の様子を見ることができますが、もう、全員、笑い過ぎです。（笑）

これも、「前祝い」ですよね。

先にどんどん笑って喜ぶことで、来年が素晴らしい年になってしまいますからね。

「楽しいこと」はとにかく拡散！

それで、ですね。この神事の中で、「お笑いコンテスト」という行事があって、笑い方を競うんですね。

私の友人はそれに参加したのですが、そのときの動画が送られてきました。すると、その笑い方が、度を超えていて、面白過ぎて、それを見たわたしも、ものすごく笑うはめになりました。

さらに、それをみんなにも見てもらいたくなり、わたしは友人に拡散しました。(笑)

これぞ、**「前祝いパンデミック」**です。

もう、あなたも、わたしも、「いいこと」しか起こらない！
おめでとうございます！

ちなみに、神さまは、お願いごとばかりしてくる人よりも、一緒に楽しく遊んでくれる人が好きみたいです。

ホントに！

3 「愛と光のエネルギー」を全方位に！

神社に参拝に出かけたとき、自分のお願いごとばかりしていませんか？
これからはぜひ、**神社や神さまにも前祝い**をしていきましょう。

わたしがよくやっている方法を進化させてお伝えいたします。
これは、神社や神さまに限らず、どこでも、誰にでも使える、**「愛と光のエネルギーを与えまくる」ワーク**です。

この本の最初のほうに、「あなたが出したものは、予想外の方向から、何倍にもなって返ってくる」という話をしましたが、「愛と光のエネルギーを出したら、自分にもっといいことが返ってくるかも」という下心があったとしても、それは問題ではありません。

あなたが愛と光を与え、そして、心地よい気持ちになることで、相手も、あなたも、最高に素晴らしいパラレルワールドにシフトできるのです。

わたしは、この呪文《じゅもん》というか、祈りというか、前祝いを、いろんなところで言っていますし、書いていますので、知っている人もいるかもしれません。

通常の文言は、こちらになります。

「宇宙最大値の愛と光を、あなたとわたしの中に送り込みます！」

これを、さらにパワーアップさせた、「前祝い＋α《アルファ》」は、

「宇宙最大値の愛と光を、あなたとわたしの中に送り込みます！　あきらめてく

ださい、あなたの願いは、もうすでに叶っています！　おめでとうございます！」

そして、マンガの『北斗の拳』的な決めゼリフを付け加えれば、言うことなしです。（笑）

「お前はもう、死んでいる！　アタタタタタタタ～」

↓

「お前の願いはもう、叶っている！　おめでとう！　おめでとう！　おめでとう！」

といった具合です。

あなたは、ある意味、『北斗の拳』のケンシロウのように、最強になっていきますよ！

神さまにも好かれる「前祝い呪文」

それで、ですね。文言の〝あなた〟の部分を、エネルギーを送りたい対象の名前に換えて言うことで、さらにエネルギーは倍増します。これは実証済みです。

名前がわからなければ、〝あなた〟のままでもいいでしょう。

あなたって、オールマイティに使えますしね。

とっても簡単ですよね。

簡単ながらも効果は絶大ですし、その場にいない相手に行なっても有効です。

「簡単なこと」こそが重要だったりするんですよね。

そもそも、世の中の情報って、「簡単なこと」をわざと難しくしているだけ。

大事なことって、すべては、シンプルで簡単なんですよね。

神社だったら、○○神社でもいいですし、その神社の神さまの名前を知っているならば、その神さまのお名前を入れます。

そして〝わたし〟と入れるのを忘れないでください。

もれなく「自分への前祝い」がついてくるので、これ、お得でしょ！（笑）

しかも、このワークをしていると、神さまにお願いごとをしなくても、すべて〝コミコミ〟ですからね！

神さまにも好かれますし、「いいこと」しかありません。

すごい！

いちいち、おめでとうございます。

そして、この「前祝い呪文」を、出会う人、空間、あなたが見る世界に対して唱えていけば、もはや、「前祝いの北斗の拳」ですから、世界をも変えられることに、気がつきはじめたのではないでしょうか？

あなたはもう最強です！

おめでとう！　おめでとう！　おめでとう！

おまえはもう
成功している……
おめでとう！おめでとう！
おめでとう！おめでとう！

4 願いをかける「新月の日」にこそ、このアクション！

ご存じの方が多いとは思いますが、新月の日は「願いをかける日」です。

新月の日に願ったことは、叶いやすいんですね。

しかも、月に願かけをして一度願いを叶えると、次に願かけをしたときに、その叶うスピードがどんどん上がっていくんです！

すごいでしょ！


月に願いをかけるときの「願いの書き方」なのですが、わたしは、いちいち

〝ありがとうございます〟という一文をつけてもらうようにしています。

ですので、

○○の願いが叶いますように！

とは書かないで、

「○○の願いが叶います！　ありがとうございます！」

「○○の願いが叶いました！　ありがとうございます！」

と書くんですね。

つまり、**書きながら、前祝い**をしてしまうんです。

これをすることで、願いを書く時点で、その願いが叶うパラレルワールドへのシフトがはじまるんですね。

やるのと、やらないのでは、雲泥《うんでい》の差なんです。

5 これって「生まれ変わり」のプログラミング⁉

さあ、ここで、さらに飛躍して**「来世の前祝い」**もしてしまいましょう。

これって、次の人生に生まれ変わる前にするプログラミング作業ではありますが、今のうちにやってしまいましょう。

気が早いですね！（笑）

さて、来世は自由に選べます。

あなたの好きな来世をお選びください。

何の制限もありません。

いちいち「豊かで、幸せで、健康」に!!

えっ、来世なんて、未知数過ぎて、どうでもいいって?
そんな場合は、老後でもいいでしょうね。
あなたの老後を素晴らしく構築していきましょう。

「いつも安心で安全で、素敵な仲間に囲まれて、毎日楽しく暮らせました! ありがとうございます!」

美味しいもの食べて、さらに健康で、好きなところにいろいろ旅をするのもいいですね。
素敵な住まいに、好きな人たちを呼んで、ゆったりとお茶会をするのも楽しいでしょう。

家族に囲まれて、和気藹々と過ごすのも素敵ですね。

あるいは、「仕事が趣味！」という人は、

「ずっと楽しく仕事をしていくことができました！　ありがとうございます！」

でもかまいません。しかも、いちいち豊かで、幸せで、健康ですね。


いつまでも、幸せに暮らしました。

おめでとうございます。

6 十二星座別の「前祝い」の文言を大公開！

さて、わたしは**十二星座別の前祝いの文言**をつくりました。

どの星座の人であってもパワーアップして素晴らしい世界にシフトしやすくなるように、です。

あなたも、お知り合いやご友人の星座がわかっていたら、こちらの前祝いをしてあげてください。自分に前祝いする場合は、文言の冒頭にある「あなた」を「わたし」に変えれば、ＯＫです。

きっと、素晴らしい展開があると思います。

✴牡羊座

あなたの素晴らしい勇気や直感によって、あなたもわたしも、みんな、想像を絶するくらい人生が好転しました。ありがとうございます。

✴牡牛座

あなたの素晴らしい技術や才能によって、あなたもわたしも、みんな、想像を絶するくらい人生が華やかになりました。ありがとうございます。

✴双子座

あなたの素晴らしい言葉やノリのよさによって、あなたもわたしも、みんな、想像を絶するくらい人生がワクワクするものになりました。ありがとうございます。

✴蟹座

あなたの素晴らしい愛とチャーミングさによって、あなたもわたしも、みんな、想像を絶するくらい人生が幸せで豊かになりました。ありがとうございます。

✴獅子座

あなたの素晴らしい存在感やクリエイティビティによって、あなたもわたしも、みんな、想像を絶するくらい人生がドラマチックになりました。ありがとうございます。

✴乙女座

あなたの素晴らしい能力や優しさによって、あなたもわたしも、みんな、想像を絶するくらい人生がいちいち幸せになりました。ありがとうございます。

✴天秤座

あなたの素晴らしいセンスやお話によって、あなたもわたしも、みんな、想像を絶するくらい人生がトキメクものになりました。ありがとうございます。

✴蠍座
あなたの素晴らしい集中力やスペシャルな存在によって、あなたもわたしも、みんな、想像を絶するくらい人生が変わりました。ありがとうございます。

✴射手座
あなたの素晴らしい視点や行動力によって、あなたもわたしも、みんな、想像を絶するくらい人生が自由になりました。ありがとうございます。

✴山羊座
あなたの素晴らしい作戦やまとめる力によって、あなたもわたしも、みんな、想像を絶するくらい人生が明確になりました。ありがとうございます。

✴水瓶座
あなたの素晴らしい個性や宇宙的感覚によって、あなたもわたしも、みんな、想像を絶するくらい人生が面白くなりました。ありがとうございます。

✴魚座

あなたの素晴らしい感性や癒しパワーによって、あなたもわたしも、みんな、想像を絶するくらい人生がキラキラしたものになりました。ありがとうございます。

7 超開運アイテムは自分でつくれる〜その名も「前祝いブレスレット」

ここで、**前祝いパワーの詰まった「超開運アイテム」のつくり方**をお伝えしたいと思います。

次の①〜③の手順になります。

①水晶のブレスレットを用意する

水晶は、波動や言霊の吸収力が半端《はんぱ》ないので、前祝いをインストールさせるのにもってこいなんです。

②前祝いをする前に、ご神水で浄化して水晶をクリーンにしておく

そうすると、乾いたスポンジがお水を吸収するように、ジュワ～っと前祝いの言葉をインストールしてくれるんです。

これは、神社に参拝に行ったときに、ご神水《しんすい》(あるいは湧き水)をかけて浄化してもいいですし、ご神水を汲《く》んで持ち帰り、新月になってから浄化してもいいでしょう。

ご神水がない神社に関しましては、手水舎《ちょうずや》の水でもいいですが、なるべく、ご神水がオススメです。

また、神社によっては、手水舎を使用停止にしているところもあります。そんな場合は、家の水道水を出しっぱなしにして、三十秒くらい流水をかければＯＫです。

③新月になったら、浄化済みのブレスに大いに前祝いをする

これで、**あなただけの「超開運☆前祝いブレスレット」**の出来上がりです。簡単ですね。

ほかの願いをしたくなった場合は、同じブレスであっても、また新月にこの①～③の手順で前祝いをすれば大丈夫です。もちろん、同じ願いを何度も行なってもOKです。

楽しみながら、ワクワクしながら、ブレスに前祝いをインストールしてくださいね！

それで、ですね。**水晶ブレスの中の一粒でもいいので、ゴールドの石やアイテムが入っていると、もれなく次元上昇や金運アップにもつながる**のですね。石でしたら、ルチルクオーツがオススメでしょう。

ちなみに、最近、わたしがつくるブレスレットは、最強バージョンにするために、「金のベレー帽」をもれなく入れるようにしています。
最高でしょ！

上の写真は、わたしが高千穂峰《たかちほのみね》に登り、「天《あま》の逆鉾《さかほこ》」の前で撮った、「金のベレー帽」つきの水晶ブレスレットを前祝いしている写真です。

高千穂は、天孫ニニギノミコト降臨の地として知られますが、ニニギさんから、**「全国制覇！」**のメッセージをいただきました。ありがとうございます！

おわりに 「前祝い」しにやってきた神さまの話

みなさま、これからも、いちいち、おめでとうございます！

ここで、**わたしのところに「前祝い」をしに訪れた神さまの話**をしたいと思います。

友人と、恵比寿のウェスティンホテルのラウンジで、お茶をしていたときのことです。

ふと、まわりを見ると、なんとなくではございますが、アマテラスさん、ツクヨミさんをはじめ、神さまが八柱くらい、わたしのまわりにいたんですね。

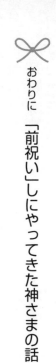

しかも、白い全身タイツを身につけて、お面をかぶって、ふざけていたんです。(笑)

「まっ、まさか～(笑)」

と、思いながら、そのときはスルーしておりました。

それで、ですね。その日の夕方に、その友人とは別の友人夫婦のお宅に、夕飯をお呼ばれしていたので、お邪魔したんですね。

その夫婦は、なかなか感覚的な方々で、いつも、ふと感じたことをわたしに伝えてくれるんです。

すると、旦那さんが、いきなりわたしにこう言ってきたんです。

「キャメさん！　キャメさんのまわりに、神さまたちが八柱くらい、祭りにきてる！(笑)」

よくよく聞いてみると、わたしが見たのと同じ状況（白い全身タイツを身につけて、お面をかぶっている神さまたちがふざけている様子）をしっかり見ていたんです。（笑）

どうやら、神さまたちは、わたしを御神輿《おみこし》がわりにして、お祭りをしにきているらしいのですね。

「なんでかな？」と面白話をして、その日は帰りました。

それから数日後のことです。

三笠書房の編集者さんからメールが来ました。

その内容は、王様文庫の「神さまシリーズ」の前作である、『神さまとお金とわたし』の見本が仕上がったので、お渡ししたいとのこと。

そして、目黒のホテル雅叙園《がじょえん》東京のラウンジで、本を受け取り、そのまま、次回作の題名のディスカッションがはじまったんですね。

そこで、「前祝い」の本にしようという流れになったわけなのですが、そのときふと、また、「わたしのまわりに今、神さまたちが祭りにきている！」という話を思い出しました。

「あ～、なるほど！」

神さまたちは、わたしに「前祝い」の本を書かせるために、集まってきたのか！　と、やたらと腑《ふ》に落ちたんですね。

そして、題名は、その場で決定しました。

『神さまと前祝い』と。

さあ、それでは、わたし自身にも前祝いさせていただきます。

「重版ありがとうございます!!!」

そして、あなたにも前祝いさせていただきます。

「あなたは、すべてが解決しています! おめでとうございます!」
「あなたは、最高の状態が手に入りました! おめでとうございます!」

もう、すべてをあきらめてください。
だって、いい方向にしか行かないのですから。

何があっても、ありがとうございます!!!
いついかなるときも、ありがとうございます!!!

そして、あなたの存在、まるごと、おめでとうございます！

そして、この本を通じて、あなたさまに対して、「前祝い」という最高のお手伝いをさせていただき、本当にありがとうございます。

You are amazing!!!

キャメレオン竹田

巻末付録

「前祝い」でキャメレオン竹田のおすすめパワースポット

いいこと続々！

キャメレオン竹田が、実際にその地に出かけて「前祝い」し、「いいこと続々！」になったパワースポットをご紹介します。ぜひ、みなさんも、これらの場所を訪れて、喜ばしく「前祝い」をしてください。願いがすべて叶ってしまいますよ！

然別湖《しかりべつこ》の弁天島（北海道河東《かとう》郡鹿追町《しかおいちょう》）
龍の波動を感じます。

北海道神宮（北海道札幌市）
境内にいるだけで気持ちがいい。

大洗磯前《おおあらいいそさき》神社（茨城県東茨城郡大洗町）
岩礁《がんしょう》に立つ鳥居に向かって前祝いを。

然別湖の弁天島

◇**酒列磯前神社**《さかつらいそさき》（茨城県ひたちなか市）
素晴らしい樹叢《じゅそう》に囲まれた参道。

◇**御岩神社**《おいわ》（茨城県日立市）
境内を流れる小川のせせらぎが、
とても心地よい。立派な御神木も素敵。

◇**花園神社**（茨城県北茨城市）
大きなコブのある御神木に向かって前祝い。

◇**鹿島神宮**《かしま》（茨城県鹿嶋市）
御手洗池《みたらしいけ》は、一日四十万リットル以上の
湧水があるご神水。

花園神社の御神木

鹿島神宮の御手洗池

芝大神宮（東京都港区）

波動がよくて癒されます。

武蔵《むさし》御《み》嶽《たけ》神社（東京都青梅《おうめ》市）

立派な狛犬《こまいぬ》が出迎えてくれます。

森戸《もりと》海岸（神奈川県三浦郡葉《は》山町《やままち》）

名《な》島《じま》にある森戸大明神の鳥居、葉山灯台、江の島、天気がいいと富士山もセットで拝めます。

一色《いっしき》海岸（神奈川県三浦郡葉山町）

きれいな海の色と、大きな富士山。
そばには、葉山の御用邸があります。
天国か!?　と思うほどの美しい空間。

武蔵御嶽神社の狛犬

一色海岸

北口《きたぐち》本宮《ほんぐう》冨《ふ》士《じ》浅間《せんげん》神社（山梨県富士吉田市）
参道を歩くだけで最高にパワーチャージ！
本殿裏手で、大黒天と恵比寿天に出会える。

穂見《ほみ》神社（山梨県韮崎《にらさき》市）
五百円で一件願いを叶えてくれる神社。
本殿背後の斜面の磐座《いわくら》御《ご》神体《しんたい》が素晴らしい。

來宮《きのみや》神社（静岡県熱海《あたみ》市）
大楠《おおくす》のパワーが凄まじい。

白山比咩《しらやまひめ》神社（石川県白山《はくさん》市）
北参道手水舎横に湧き出ている、
白山霊水をいただきましょう。

穂見神社の磐座御神体

來宮神社の大楠

◇**金澤神社**《かなざわじんじゃ》（石川県金沢市）
本殿の天井に迫力のある
白蛇龍神さまがいます。

◇**金劔宮**《きんけんぐう》（石川県白山市）
挨拶《あいさつ》するだけでも金運上昇の予感。

◇**春日大社**《かすがたいしゃ》（奈良県奈良市）
わたしは、夢の中で神鹿《しんろく》に
こちらへ呼ばれました。

◇**日吉大社**《ひよし》（滋賀県大津市）
本殿下にある「下殿《げでん》」での祈禱《きとう》が素敵。

春日大社の神鹿

◆**別府弁天池**《べっぷ》（山口県美祢市《みね》）
透き通ったブルーの美しすぎる湧き水。

◆**武雄神社**《たけお》（佐賀県武雄市）
巨大な大楠は、圧巻！

◆**神在神社**《かみあり》（福岡県糸島市《いとしま》）
「よっこいしょ！」と言っているような、リラックスした大きな神石を拝めます。

◆**桜井二見ヶ浦**《さくらいふたみがうら》（福岡県糸島市）
ずっと見ていたい景色。

神在神社の神石

桜井二見ヶ浦

◇**宗像大社《むなかた》**（福岡県宗像市）
高宮祭場《たかみやさいじょう》の素晴らしい波動で、心身を整えましょう。

◇**織幡神社《おりはた》**（福岡県宗像市）
ここからの海の景色が素晴らしい。
宗像大社の沖津宮《おきつぐう》が鎮座《ちんざ》する沖ノ島が見えることもある。

◇**霧島神宮《きりしま》**（鹿児島県霧島市）
本殿裏手にある山神社や岩がパワフル！

◇**東霧島神社《つまきりしま》**（宮崎県都城市）
イザナギノミコトが剣で切ったと言われる

東霧島神社の神石

織幡神社からの眺め

「神石」や、振り向かずに上りきると
願いが叶う、鬼岩階段がある。

◇**高千《たかち》穂峰《ほのみね》**（宮崎県西諸県《にしもろかた》郡高原町《たかはるちょう》）
山頂に刺さる「天の逆鉾」に感動します。
わたしはニニギノミコトから
メッセージをいただきました。

◇**海神《かいじん》神社**（長崎県対馬《つしま》市）
階段が長いですが、達成感あり。

◇**和多都美《わたづみ》神社**（長崎県対馬市）
海の中に浮かぶ鳥居が美しい。

高千穂峰の「天の逆鉾」

和多都美神社

◇辰ノ島《たつのしま》（長崎県壱岐《いき》市）
エメラルド色に輝く海に囲まれた絶景。

◇小島《こじま》神社（長崎県壱岐市）
歩いて島まで渡れる場合は、呼ばれている証拠。

辰ノ島

本書は、本文庫のために書き下ろされたものです。

神《かみ》さまと前祝《まえいわ》い

著者　キャメレオン竹田（きゃめれおん・たけだ）
発行者　押鐘太陽
発行所　株式会社三笠書房
〒102-0072 東京都千代田区飯田橋3-3-1
電話　03-5226-5734（営業部）03-5226-5731（編集部）
https://www.mikasashobo.co.jp
印刷　誠宏印刷
製本　ナショナル製本

©Chamereon Takeda, Printed in Japan ISBN978-4-8379-6956-3 C0130

＊本書のコピー、スキャン、デジタル化等の無断複製は著作権法上での例外を除き禁じられています。本書を代行業者等の第三者に依頼してスキャンやデジタル化することは、たとえ個人や家庭内での利用であっても著作権法上認められておりません。
＊落丁・乱丁本は当社営業部宛にお送りください。お取替えいたします。
＊定価・発行日はカバーに表示してあります。

王様文庫 大人気！ キャメレオン竹田の本!!

神さまとの直通電話

「やっぱり、私は護られている。サンキュー神さま！」…そう実感できることが次々起こる秘密とは？ ☆心と体が「ゆるむ」ことが正解！ ☆いつでも「ある」と思って暮らす…これが、運がよくなる《波動》の法則！

神さまの家庭訪問

読むだけで清々しくて、ありがたくて、超パワフルな気分になれる本！ ☆タイミング上手は「運上手」 ☆収入は喜ばせた人の数で決まる ☆神さまの応援が入っている人とは？ 「自分の中の太陽」を輝かせる方法！

神さまからの急速充電

チャージ完了で「いいこと」続々！ 「心のバッテリー」を満タンにする本。 ☆大笑いは大祓い ☆シンクロは幸運のメッセージ ☆時には「大放電」することも許す…「運勢」が上がるチャンスは、こんな時！

神さまとお金とわたし

「油断する」と、お金って増えちゃう♡ あなたの「神さまらしさ」を全開にして生きよう！ ☆いつでも「こうだと、いいな」に意識を集中！ ☆「ワンランクアップ」を一足先に体感する…「金運発動」シール付き!!

K40102